KB019509

교양 있는
어른을 위한
최소한의 철학 수업

복잡한 세상을 읽는 150가지 생각 도구
교양 있는 어른을 위한 최소한의 철학 수업

초판 1쇄 발행 2024년 6월 17일

지은이 오가와 히토시
옮긴이 이용택
펴낸이 최현준

편집 강서윤, 구주연
디자인 김소영

펴낸곳 빌리버튼
출판등록 2022년 7월 27일 제 2016-000166호
주소 서울시 마포구 월드컵로 10길 28, 201호
전화 02-338-9271
팩스 02-338-9272
메일 contents@billybutton.co.kr

ISBN 979-11-92999-41-8 (03100)

복잡한 세상을 읽는 150가지 생각 도구

교양 있는 어른을 위한 최소한의 철학 수업

오가와 히토시 지음 · **이용택** 옮김

빌리버튼
billy button

일러두기

1. 표제어는 저자의 집필 의도를 존중하기 위해 저자의 기준에 따라 배열했다.
2. 편의를 위해 본문 뒤에 가나다순으로 단어를 배열한〈표제어 색인〉과 〈인명 색인〉을 첨부했다.
3. 저서명은《 》를 사용해 표기했다.
4. 외국어 인명 및 표제어는 기본적으로 외래어 표기법에 따라 표기하되, 사용 빈도를 고려하여 더 친숙한 쪽으로 표기했다.

[머리말]

이 책이 특별한 이유

철학 용어를 쉽게 풀어 쓰다

철학 용어가 어렵게 느껴지는 이유는 번역어 때문입니다. 이 사전은 난해한 철학 용어를 일상생활에서 흔히 쓰는 쉬운 말로 풀어 썼습니다. 덕분에 철학을 좀 더 쉽게 이해할 수 있도록 도와주지요.

현재 우리가 사용하고 있는 철학 용어 대부분은 메이지 시대의 사상가 니시 아마네西周(1829~1897)가 만들었습니다. 그는 'philosophy'를 '철학哲學'으로 번역한 사람이며, 이 책에 등장하는 대부분의 철학 용어도 그가 처음으로 번역했습니다. 그런 의미에서 니시 아마네는 서양철학을 동양에 소개한 위대한 인물입니다. 하지만 지나치게 함축적이고 의미를 알기 힘든 용어를 사용해 비판도 함께 받고 있지요.

사실 독일어나 프랑스어로 된 철학 용어를 보면 대부분이 이해하기 쉬운 일상어로 되어 있는 반면, 니시 아마네는 서양철학 용어를 우리가 자주 쓰지 않는 괴상한 단어로 번역했습니다.

왜 이처럼 괴상한 번역 용어를 지금껏 사용하게 되었을까요? 언어는 살아 있는 생물처럼 시간이 지날수록 점차 변하기 마련입니다. 하지만 철학 용어는 탄생했을 때부터 지금까지 그 상태 그대로입니다. 이는 철학계의 잘못된 전통과 관련이 있습니다. 철학계는 전통을 중시하는 분위기가 강하기 때문에 선배 철학자들이 남긴 전통이나 사상을 그대로 이어 가려는 습관이 있습니다. 누군가가 이 낡은 관습을 무너뜨리지 않는다면 어려운 철학 용어가 난무하는 상황은 언제까지고 계속될 것입니다.

저는 이런 상황이 늘 우스꽝스럽다고 느꼈습니다. 난해한 용어를 줄곧 사용해 온 탓에 철학은 보통 사람들과 동떨어진 존재가 되고 말았습니다. 과연 어렵기만 한 철학 용어를 계속 사용할 필요가 있을까? 좀 더 간단한 말로 바꿔 쓸

수는 없을까? 철학의 길에 들어선 이후로 쭉 이런 의문을 품어 왔지요.

실제로 제가 진로를 법학부로 선택한 이유는 윤리 수업 시간에 배운 철학 용어에 일종의 거부감을 느꼈기 때문입니다. 그렇게 평범한 학창 시절을 보냈고, 평범한 회사원으로 살았습니다. 인생을 재설계하기 위해 중국으로 떠났지만 4년 동안이나 정착하지 못한 채 아르바이트로 생계를 잇는 처지가 되었습니다. 그 후 서른 살이 되어 시청에 재취업했고, 결국 대학원에 진학해 철학을 공부하기 시작하면서 어렵사리 철학의 세계에 발을 들이게 되었습니다. 철학자가 되기까지 상당히 먼 길을 돌아온 셈입니다. 어쩌면 저처럼 복잡하고 어려워 보이는 용어 때문에 철학을 제대로 접하지 못한 사람이 많지 않을까 싶습니다.

평범한 보통 사람으로 살아온 저 같은 철학자가 나서서 난해한 철학 용어가 난무하는 상황을 일깨우지 않는다면, 철학은 영원히 학자와 지식인의 액세서리로 남게 될지도 모른다는 걱정이 들었습니다. 그런 생각으로 저는 철학 용어를 쉽게 풀이한 용어 사전을 기획하게 되었습니다.

철학 용어의 의미를 알면 철학 이외의 분야에도 도움이 된다

집필을 끝낸 지금, 저는 이 책을 통해 더 많은 사람이 철학과 친해질 수 있을 것이라 자부합니다. 또한 철학서를 읽을 때뿐만 아니라 평론을 읽을 때나 강의를 들을 때도 이 책이 도움이 되리라 생각합니다. 이 책에서 소개하는 철학 용어의 대부분이 철학 이외의 분야에도 자주 사용되기 때문입니다. 그중에는 일상적인 대화에서 자주 사용하는 용어도 있습니다. 회의나 회식 자리에서 누군가가 아무렇지도 않게 철학 용어를 꺼냈다고 생각해 볼까요. 무슨 뜻인지 모르지만 창피해서 물어보지도 못하고 지나간 경험이 누구나 한 번쯤은 있을 것입니다. 난해한 철학 용어들은 19세기 이후 오랜 시간에 걸쳐 견고히 뿌리내렸습니다. 이 때문에 일상 속에서 접할 기회가 많은 것도 사실이지요.

《최소한의 철학 수업》은 그런 사람들의 요구에 부응할 수 있는 본격적인 철학 용어 해설서입니다. 다른 해설서들은 단순히 긴 설명만 늘어놓았을 뿐, 보통 사람들이 이해하기는 어렵게 구성되어 있습니다. 또한 지금은 인터넷 검색으로 어떤 지식이든 쉽게 찾을 수 있는 시대지만 아쉽게도 철학 용어만큼은 인터넷에서도 쉽게 풀어 쓴 설명을 발견하기 어렵습니다.

이유는 간단합니다. 철학 용어를 너무 쉽게 설명하면 그 의미가 바뀌어 버릴 수 있기 때문입니다. 그래서 억지 조어를 만들거나 외국어 발음을 그대로 표기해서 사용하는 경우가 많습니다. 하지만 이렇게 하면 용어 번역을 포기할 수밖에 없고, 제대로 된 철학적 사고를 할 수 없습니다. 제가 비판을 각오하고 철학 용어를 나름대로 쉽게 번역하려고 한 이유는 어떻게든 그런 상황을 극복하고 싶었기 때문입니다.

사전으로 사용해도 좋고 입문서로 읽어도 좋다

이 책은 철학 용어를 단순히 알기 쉽게 풀어 쓰는 것으로만 만족하지 않았습니다. 오해가 없도록 용어의 의미를 확실히 제시한 후 그 용어를 사용한 철학자의 사상이나 용어와 관련된 사항 등도 함께 언급했습니다. 즉 이 책은 사전처럼 찾으면서 활용할 수 있을 뿐 아니라, '철학의 기초 지식'을 즐겁게 배울 수 있게 돕는 입문서 역할도 합니다.

아울러 이러한 설명 외에도 기존의 용어가 어떤 상황에서 어떻게 사용되는지 알려주는 [보기]와 [그림]을 더해 이해를 도왔습니다. 다만, 일상 회화에서 [보기]를 남용하면 "괜히 똑똑한 척한다."는 핀잔을 들을 수 있으니 주의해야 합니다. [보기]보다는 오히려 [쉬운 풀이]를 활용하는 편이 나을 것입니다.

여담이지만 제가 수시로 주재하는 토론회 '철학 카페'에는 중학생부터 나이 지긋한 어르신까지 다양한 연령대의 사람들이 참가하는데, 어려운 철학 용어를 사용하지 않는 것이 이 토론회의 규칙입니다. 어려운 용어를 사용하지 않아도 수준 높은 대화를 나눌 수 있기 때문입니다.

이 책에 실린 150개의 철학 용어는 어떤 사전에든 실려 있는 중요한 용어입니다. 읽는 재미를 주기 위해 가나다순으로 단순 정렬하지 않고 '일상 속 자주 봤던 용어' 또는 '철학적으로 해석하면 의미가 달라지는 용어' 등 독자적인 분류로 장을 나누었습니다.

이 책의 목적은 어디까지나 보통 사람이 철학 용어를 쉽게 이해할 수 있도록 하는 데 있습니다. 위키피디아처럼 이 책도 항상 열린 상태로 둘 생각입니다. 이 책을 활용하는 독자 여러분께서 더욱 진화시켜 주시기를 바랍니다.

이 책의 구성과 사용법

[쉬운 풀이]
난해한 철학 용어를 간단하게 풀었다! 용어의 의미를 쉽게 파악할 수 있다.

[보기]
해당 용어를 사용한 예문이다. 이 보기를 일상 회화에서 사용하면 잘난 척한다는 핀잔을 들을 수 있으니 조심하자.

[설명]
해당 용어를 사용한 철학자의 사상이나 역사적 배경 등 용어와 관련된 사항을 설명한다. 용어의 의미를 더욱 깊이 이해할 수 있고, 철학의 기초 지식도 배울 수 있다.

레종데트르

㉰ raison d'être ㊫ 존재의 이유

"집단 안에서는 자신의 **레종데트르**를 찾아내는 것이 중요하다."

레종데트르는 '존재의 이유'나 '존재 가치'를 가리키는 프랑스어며, 실존주의에서 자주 사용하는 용어입니다. 실존주의에서는 인간이 스스로 삶을 개척하는 것이 중요하다고 말합니다. 그러나 우리는 제약된 환경 안에서 살아갈 수밖에 없습니다. 이에 대해 사르트르*는 그 제약에서 벗어나기보다는 오히려 그 제약과 적극적으로 관계를 맺음으로써 비로소 참된 자유를 누릴 수 있다고 주장했습니다.

사르트르는 인간이 주위 환경과 적극적으로 관계를 맺

* **장 폴 사르트르**Jean-Paul Sartre, 1905~1980: 프랑스의 철학자, 실존주의를 토대로 하여 인간은 사회에 적극적으로 관여해야 한다고 주장했다. 정치 활동과 사회적 이슈를 많이 불러일으킨 인물이다. 1967년 노벨문학상을 거부한 것으로도 유명하다. 저서로는 《구토La Nausée》, 《존재와 무L'Être et le Néant》 등이 있다.

24

어 가면서 존재 이유를 발견할 수 있다고 보았습니다. 사물은 스스로 주위 환경에 영향을 끼칠 수 없기 때문입니다. 따라서 실존주의에서는 레종데트르라는 개념이 중요합니다. **말하자면 레종데트르는 인간의 존재 이유**입니다.

동시에 인간의 가치를 보여주는 것이기도 합니다.

그러나 요즘은 레종데트르라는 말이 실존주의와는 상관없이 '존재 이유'라는 의미로만 쓰이는 경우가 많습니다. 예를 들어 "이 회사의 레종데트르는?", "노동조합의 레종데트르는?" 같은 질문처럼 말입니다.

[장 구분]
용어를 단순히 가나다순으로 정렬하지 않고 독자적인 분류로 장을 나누어서 철학 초보자도 흥미롭게 읽을 수 있도록 했다. 하지만 가나다순으로 단어를 찾고 싶은 독자를 위해 본문 뒤에 표제어 및 인명 색인도 준비해 두었다!

[그림]
더 직관적으로 이해할 수 있도록 다양한 그림을 실었다.

[인물 소개]
중요 인물의 약력과 대표 저서를 소개한다.

목차

PART 1

일상 속 자주 봤던 철학 용어

PART 2

상식으로 알아 두고 싶은 철학 용어

PART 3

뜻이 알쏭달쏭한 외래 용어

PART 4

시험에서 봤던 그 한자 용어

PART 5

철학적으로 해석하면 의미가 달라지는 용어

PART 6

아는 사람만 아는 고급 철학 용어

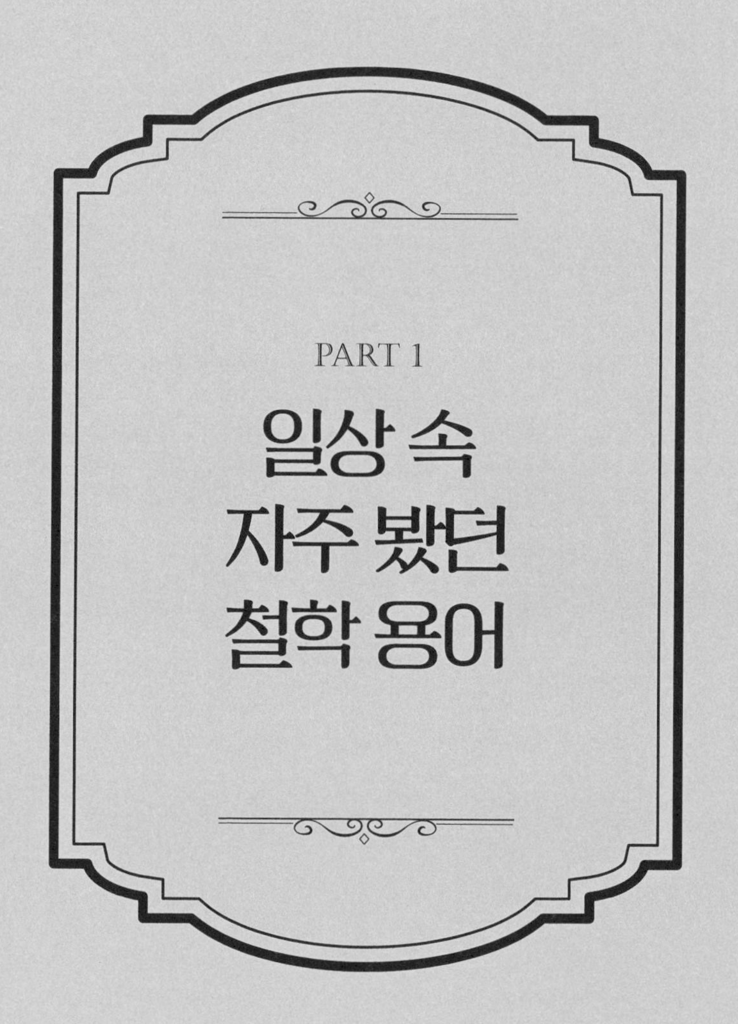

PART 1

일상 속 자주 봤던 철학 용어

아이러니

㉻ 反語 ㉲ irony ㊌ 넌지시 깨우쳐 주기

"얼마 전, 어떤 분이 나에게 "젊어서 참 좋겠네."라고 말씀하셨다. 나중에 생각해 보니 그 말씀은 나의 치기 어린 실수를 탓하려는 **아이러니**였던 것 같다."

아이러니는 보통 반어로 번역합니다. 반어는 흔히 상대방을 에둘러 비난하는 말을 가리킵니다. 이상한 차림새를 하고 있는 사람에게 "꽤 독특한 차림새네요."라고 말하는 경우가 이에 해당합니다.

철학에서 사용하는 아이러니는 그리스어 에이로네이아eironeia에서 유래했습니다. 에이로네이아는 언어의 표면적 의미와 함축적 의미의 차이를 교묘하게 이용하여 상대방을 깨우쳐 주는 방법을 가리킵니다. 그중에서 소크라테스✦의 에이로네이아가 가장 유명합니다. 소크라테스는 무지를 가

✦ **소크라테스**Socrates, BC470-BC399: 고대 그리스의 철학자, '문답법'으로 진리를 탐구했다. "너 자신을 알라."라는 말로 유명하며 산파술을 통해 진리를 찾을 수 있다고 주장했다. 저서는 한 권도 남기지 않았지만, 그의 제자 플라톤이 쓴 《소크라테스의 변명Apologia Sokratous》 등 여러 권의 책을 통해 소크라테스의 사상을 알 수 있다.

장하여 상대방에게 질문하면서 상대방의 모순을 꿰뚫었습니다. 이것이 최초의 아이러니라고 할 수 있습니다. 아이러니는 문답법 혹은 산파술産婆術, maieutike로 불리는 소크라테스 철학의 핵심입니다. 소크라테스가 에이로네이아를 사용한 것은 상대방을 짓궂게 괴롭히려 한 것이 아니라, 진리를 탐구하기 위해서였습니다. **즉 아이러니의 목적은 진리 탐구인 셈입니다.**

실제로 우리가 반어적인 말을 할 때면 상대방은 그 말의 의미를 탐구하고, 진정한 의미가 무엇인지 알아내려 합니다. 앞서 언급한 "꽤 독특한 차림새네요."라는 표현의 경우, 그 말을 들은 사람은 상대방이 왜 그런 말을 했을까 궁금해집니다. 자신이 정말로 독특한 차림새를 했는지 알아볼 마음이 생기는 것입니다. 그렇게 살피다 보면 자신의 차림새가 이상하다는 사실을 문득 깨달을지도 모릅니다.

소크라테스 이후로 아이러니는 부정적인 의미로 사용되었습니다. 특히 예술이나 문학에서 자주 쓰는 낭만적 아이러니romantic irony는 무가치한 가상에 불과하다고 비난받았습니다. 그러나 동시에 낭만적 아이러니를 통해 미의 원천과 삶의 에너지를 발견할 가능성도 있습니다.

르상티망

㉐ ressentiment ㉤ 패배자의 시기심

"대기업에 입사하지 못했다고 해서 "그 회사는 악덕 기업이야!"라며 불합리하게 비난하는 것은 **르상티망**이지."

르상티망은 흔히 원한과 복수심으로 번역되지만, 철학에서는 통상적인 의미와는 약간 다르게 쓰입니다. 르상티망을 철학 용어로 처음 사용한 사람은 니체✦였습니다. **니체에 따르면, 약자는 현실에서 강자를 이길 수 없기 때문에 상상으로나마 복수를 하려고 합니다. 이때 품는 감정을 르상티망이라고 부릅니다.** 그 의미상 '원한'보다는 **'패배자의 시기심'**에 더 가까운 말입니다.

일반적으로 강자는 자신을 선한 존재로 평가하고, 약자를 악한 존재로 평가합니다. 당연히 약자는 이러한 인식에 불만

✦ **프리드리히 니체**Friedrich Nietzsche, 1844~1900: 독일의 철학자, 인생의 고통을 '초인' 사상으로 극복해야 한다고 말했다. 부르주아 자유주의의 이데올로기를 부정하고 철저한 니힐리즘을 주장했다. 저서로는 《비극의 탄생Die Geburt der Tragödie aus dem Geiste der Musik》, 《차라투스트라는 이렇게 말했다Also sprach Zarathustra》 등이 있다.

을 품고 강자를 증오하지만 힘이 없기 때문에 실제로 강자에게 맞서 관계를 역전시킬 수 없습니다. 그렇기 때문에 약자는 자신을 선한 존재라고 믿기 시작합니다.

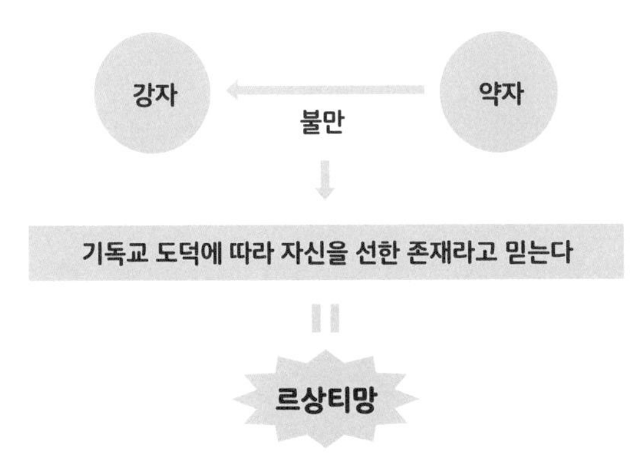

약자는 자신이 선량하기 때문에 강자에게 맞서지 않는다고 생각하며, 자신이 공손하기 때문에 복종한다고 합리화합니다. 그리고 이것이야말로 약자를 옹호하는 기독교 도덕이라고 믿습니다. 니체는 이처럼 앞뒤가 뒤바뀐 도덕을 '**노예도덕**Sklavenmoral'이라고 부르며 비난했습니다. 노예도덕은 르상티망으로 가득하다는 이유에서였습니다. **니체는 르상티망을 극복하기 위해 모든 운명을 강인하게 받아들여야 한다는 초인 사상을 주창했습니다.**

레종데트르

㉯ raison d'être ㊇ 존재의 이유

"집단 안에서는 자신의 **레종데트르**를 찾아내는 것이 중요하다."

레종데트르는 '존재의 이유'나 '존재 가치'를 가리키는 프랑스어며, 실존주의에서 자주 사용하는 용어입니다. 실존주의에서는 인간이 스스로 삶을 개척하는 것이 중요하다고 말합니다. 그러나 우리는 제약된 환경 안에서 살아갈 수밖에 없습니다. 이에 대해 사르트르✦는 그 제약에서 벗어나기보다는 오히려 그 제약과 적극적으로 관계를 맺음으로써 비로소 참된 자유를 누릴 수 있다고 주장했습니다.

사르트르는 인간이 주위 환경과 적극적으로 관계를 맺어가면서 존재 이유를 발견할 수 있다고 보았습니다. 사물은

✦ **장 폴 사르트르**Jean-Paul Sartre, 1905~1980: 프랑스의 철학자, 실존주의를 토대로 하여 인간은 사회에 적극적으로 관여해야 한다고 주장했다. 정치 활동과 사회적 이슈를 많이 불러일으킨 인물이다. 1967년 노벨문학상을 거부한 것으로도 유명하다. 저서로는 《구토La Nausée》, 《존재와 무L'Être et le Néant》 등이 있다.

스스로 주위 환경에 영향을 끼칠 수 없기 때문입니다. 따라서 실존주의에서는 레종데트르라는 개념이 중요합니다. **말하자면 레종데트르는 인간의 존재 이유입니다.**

동시에 인간의 가치를 보여주는 것이기도 합니다.

그러나 요즘은 레종데트르라는 말이 실존주의와는 상관없이 '존재 이유'라는 의미로만 쓰이는 경우가 많습니다. 예를 들어 "이 회사의 레종데트르는?", "노동조합의 레종데트르는?" 같은 질문처럼 말입니다.

레토릭

㉿ 修辭學 ㉾ rhetoric ㊍ 미사여구/알맹이 없는 번지르르한 말

"네 말은 **레토릭**일 뿐이야. 본질을 꿰뚫었다고는 할 수 없어."

레토릭은 효과적인 언어 표현을 이용하여 읽는 이나 듣는 이에게 감명을 주는 수법입니다. 수사학修辭學이나 변론술辯論術로 번역하며, 쉽게 말해 미사여구라는 뜻입니다.

고대 그리스에서 레토릭은 상대를 설득하기 위한 수단으로 쓰였습니다. 소피스트sophist라고 불리던 교사들이 레토릭을 가르쳤습니다. 그런데 플라톤✦은 진리와 상관없이 말로 상대방을 구워삶는 법만 가르친다고 말하며 소피스트들을 비판했습니다. 나라를 책임질 청년들에게 참된 지혜를 가르쳐 주어야 할 소피스트들이 실제로는 단순한 웅변 기

✦ **플라톤**Platon, BC427~BC347: 고대 그리스의 철학자, 현실 세계와 대립하는 완전하고 이상적인 세계인 이데아계가 존재한다고 주장했다. 저서로는 《소크라테스의 변론Apologia Sokratous》, 《향연The Symposium》 등이 있다.

술만을 연습시켰다는 것입니다. 그래서 플라톤은 소피스트를 '진실이 아닌 것을 진실인 척 이야기하는 자'라고 비난했습니다.

이 때문에 지금까지도 레토릭이라는 단어에는 '번지르르한 말'이라는 비꼬는 뉘앙스가 담겨 있습니다. '알맹이 없는 번지르르한 말'이라는 레토릭의 뜻과 딱 맞아떨어지는 예로는 "적절한 조치를 취하겠습니다."라는 정치인들의 허언을 들 수 있습니다. 이 레토릭은 '아무 조치도 취하지 않겠다'는 속내를 감추려는 말장난일 뿐입니다.

메타포

㉻ 隱喩 ㉼ metaphor ㉽ 암시적인 비유

"너는 **메타포**를 꽤 잘 쓰는구나. 시라도 써 보는 게 어때?"

메타포는 은유隱喩라고 번역할 수 있습니다. 다시 말해 **'암시적인 비유'** 또는 **'숨겨서 비유하는 수사법'**을 뜻합니다. 은유와 반대되는 말은 직유直喩로 '직접적인 비유'라는 뜻입니다. 직유는 비유라는 사실이 겉으로 명백히 드러나지만, 은유는 비유라는 사실이 뚜렷이 드러나지 않습니다. 예를 들어 '바다는 어머니와 같다'라는 문장은 직유지만, '바다는 어머니다'라는 문장은 은유입니다.

아리스토텔레스✦는 '어떤 사물을 다른 영역의 사물과 겹

✦ **아리스토텔레스**Aristotle, BC384~BC322: 고대 그리스의 철학자, '만학萬學의 아버지'라고 불린다. 스승 플라톤과 달리 그의 사상은 현실주의적이다. 관념론과 유물론으로 후세 철학에 많은 영향을 끼쳤다. 그의 사상은 중세 기독교 신학 체계를 세우는 데 큰 도움을 주었다. 저서로는 《정치학Politics》, 《니코마코스 윤리학Nicomachean Ethics》 등이 있다.

치게 함으로써 두 가지 의미를 지니게 하는 것'이 메타포라고 이야기했습니다. 메타포를 이용하면 의미가 풍부하게 함축된 언어로 표현할 수 있습니다. 그런 의미에서 **메타포는 상상력을 자극하는 수단**이라고 할 수 있습니다.

철학자도 메타포를 자주 이용합니다. '인간은 생각하는 갈대다'파스칼(프랑스의 과학자·사상가), '인간은 인간에게 늑대다'홉스(영국의 철학자) 같은 명언도 메타포라고 할 수 있습니다. 철학은 독자로 하여금 생각하게 만드는 것입니다. 그렇기에 철학에서 메타포를 많이 사용하는 것은 어찌 보면 당연한 일인지도 모릅니다.

콘텍스트

원 context 뜻 이야기의 흐름

"네 말이 남에게 상처를 줄지 기쁨을 줄지는 말의 **콘텍스트**에 달려 있어. '바보'라는 표현도 때로는 칭찬의 말이 될 수 있거든."

콘텍스트는 언어학과 언어철학 용어로, 흔히 문맥文脈으로 번역됩니다. 문장은 '텍스트'라고 하고, 여러 문장이 모인 것은 '콘텍스트'라고 합니다. 이때 콘텍스트가 문장의 맥이 된다는 뜻으로 문맥이라고 하지요.

각 문장텍스트을 올바로 이해하기 위해서는 문장이 모인 전체콘텍스트를 보아야 합니다. 특히 대화를 나눌 때는 콘텍스트를 무시하고 텍스트만으로 의미를 전달할 수 없습니다. 대화는 이야기의 흐름이 중요하기 때문입니다. 그렇기에 대화에서 사용하는 문장과 단어도 이야기의 흐름 속에서만 의미를 지닙니다. 똑같은 문장이 대화의 흐름에 따라 다른 의미를 띨 수도 있습니다.

그렇다면 **콘텍스트는 애초에 객관적으로 존재하는 것이**

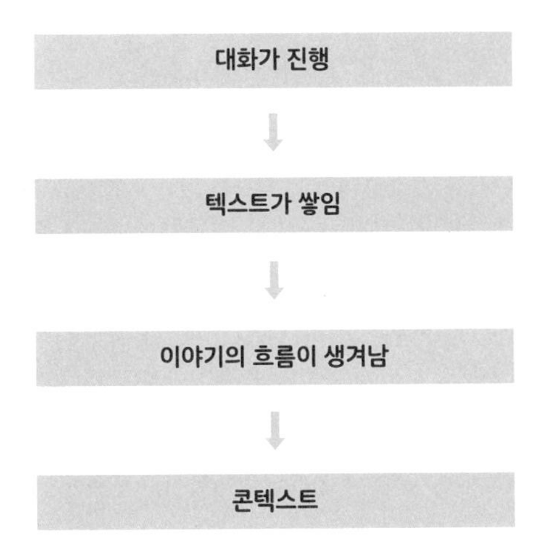

아니라, 대화가 진행되며 만들어지는 것이라고도 할 수 있습니다. 이것이 프랑스 인류학자 스페르베르Sperber와 영국 언어학자 윌슨Wilson이 주장한 관련성 이론relevance theory이라는 개념입니다. 문장의 의미를 이해하는 데 콘텍스트가 중요한 이유가 이것입니다. 이 외에도 콘텍스트라는 용어는 여러 사물을 이해하기 위한 배경이나 사정이라는 뜻으로도 확장되어 쓰입니다.

카타르시스

㉯ catharsis ㉹ 마음이 후련해짐

"인간은 **카타르시스**가 필요하다. 이것은 자연의 섭리라고 해도 과언이 아니다. 따라서 울고 싶을 때는 마음껏 울어야 한다."

일상생활에서는 울음을 터뜨려서 감정을 밖으로 표출하는 것을 카타르시스라고 부르는 경우가 있습니다. 원래 카타르시스라는 말은 정화나 배설을 뜻하는 그리스어입니다.

고대 그리스에서는 죄를 범한 사람이 종교적 의식으로 죄를 씻고 사회에 복귀했습니다. 일본의 미소기 의례몸을 물로 씻어 죄를 벗기는 신도의 의례-역주와 가톨릭의 세례가 이와 비슷한 성격의 풍습이며 정화의 일종으로 여겨집니다. 의학에서도 배설(설사 등) 혹은 구토를 통해 불필요한 체액을 몸 밖으로 배출해 병을 치료하는 요법이 있습니다. 여기에서 **정신의 정화**라는 발상이 나왔습니다. 예를 들어, 소크라테스는 **영혼이 육체에서 분리되어 순수해지는 것을 정화**라고 불렀습니다. 육체는 사라져도 영혼은 계속 살아남는다고 생각했기 때문에 영혼을 깨끗한 상태로 유지해야 한다는 것이었습니다.

감정을 밖으로 표출한다는 의미의 카타르시스 개념을 주창한 사람은 아리스토텔레스였습니다. 그는 《시학Poetics》에서 비극론의 중심 개념으로 카타르시스를 들었습니다. 간단히 말하면, **비극을 보는 사람은 주인공과의 감정이입을 통해 이야기의 끝에서 눈물을 흘림으로써 카타르시스를 느끼고 영혼이 정화되는 경험을 한다는 것입니다.**

쉽게 이해할 수 있는 개념입니다. 슬픈 영화를 보고 눈물을 펑펑 흘리면 마음이 후련해지는 것과 같습니다. 이 후련한 느낌은 영혼이 정화되었기에 생기는 것입니다. 이 방법을 정신 치료에 응용했던 사람이 정신분석학의 아버지 프로이트✦였습니다. 그는 무의식 속에서 억압된 마음의 그림자를 외부로 표출시킴으로써 정신병을 치료하고자 했습니다.

✦ **지그문트 프로이트**Sigmund Freud, 1856~1939: 오스트리아의 정신분석가. 인간의 마음속에 있는 무의식의 영역을 발견하여 정신분석학의 아버지라 불린다. 심리적 변화 과정을 물질적 변화 과정과 독립된 존재라고 인식했다. 심적 과정을 물리적 과정과 독립된 것이라고 생각하며, 의식 저편의 심적 힘이 심적 과정을 지배한다고 보고, 정신분석 이론을 주창하였다. 저서로는 《꿈의 해석Die Traumdeutung》, 《정신분석 입문Vorlesungen zur Einführung in die Psychoanalyse》 등이 있다.

포스트모던

㉯ post-modern ㊫ 근대를 비판적으로 바라보는 현대 사상

"경제적 번영이 꼭 좋지만은 않다니 제법 **포스트모던**적이군."

포스트모던을 문자 그대로 해석하면 '근대 이후'를 뜻합니다. 즉 **포스트모던은 근대 이후의 사상을 총칭하는 개념**입니다. 근대 사상은 프랑스 계몽사상가 루소나 영국 철학자 로크의 사회계약설을 통해 시민의 손으로 국가를 세울 수 있게 했고, 독일 철학자 헤겔의 절대지absolutes Wissen를 통해 인간의 지체가 무한하다는 가능성을 보여주었습니다. 이처럼 근대 사상은 인간의 이성을 최고조로 꽃피웠습니다. 하지만 자세히 들여다보면 빈곤, 전쟁, 대량 학살 등 많은 모순점을 낳은 것도 사실입니다. 이처럼 근대 사상의 태도를 비판적으로 반성하기 위해 등장한 것이 포스트모던이었습니다. 그 전형적인 예로는 리오타르*가 주장한 **'거대 담론의 종언'**을 들 수 있습니다. 여기서 거대 담론이란 우

리가 공통적으로 지닌 계몽사상, 즉 인간은 하나의 커다란 목적을 향해 전진한다는 사상입니다.

돌이켜 보면 인간은 항상 사회 발전을 목적으로 삼으며 살아왔습니다. 특히 경제적으로 발전하고 물질적으로 풍요로워지면 모든 문제가 해결된다고 믿었습니다. 정말 거대한 이야기거대 담론가 아닐 수 없지요. 하지만 이런 거대한 이야기는 결국 억압을 초래하고 사고를 멈추며 끝나고 말았습니다. 그런 의미에서 **포스트모던은 한계에 부닥친 근대 사상을 극복하려는 시도**라고 할 수 있습니다.

✦ **장 프랑수아 리오타르**Jean-François Lyotard, 1924~1998: 프랑스의 사상가, 포스트모던 사상을 대표하는 인물, 마르크스, 니체, 프로이트의 사상 속에서 새로운 철학을 구상했다. '욕망의 철학자'로 불리며 마르크스주의를 포함한 근대의 '정당화 서사'를 비판한 것으로 유명하다. 저서로는 《포스트모던의 조건La Condition Postmoderne》, 《리비도 경제Économie Libidinale》 등이 있다.

이데올로기

㉯ ideology ㉳ 사상의 경향

"자본주의 대 사회주의라는 **이데올로기** 대립이 끝나고 세계화 시대에 돌입했다. 하지만 세계화 자체도 새로운 **이데올로기**일지도 모른다."

이데올로기라는 말을 들으면 많은 사람이 마르크스✦를 떠올릴 것입니다. 마르크스에 의하면, **이데올로기란 '사회의 현실과 동떨어진 형태를 가지고 현실의 모순을 덮으려는 것'**입니다. 그래서 마르크스가 말한 이데올로기를 '허위의식'이라고 번역하기도 합니다. 이런 의미의 이데올로기는 부정적인 뉘앙스로 사용하는 경우가 많습니다.

마르크스는 이 말을 자본주의 비판에도 사용했습니다. 그는 세상의 온갖 이론이 자본주의의 모순을 덮는 데 이용되고 있다고 말했습니다. 심지어 철학도 그런 이론 중 하나

✦ **칼 마르크스**Karl Marx, 1818~1883: 독일의 철학자·경제학자. 인간 소외에서 해방되는 것을 목표로 하는 '마르크스주의'를 확립했다. 한 사회의 물질적 조건이 우리의 생각과 인식을 지배한다고 생각했다. 저서로는 《경제학 철학 초고Ökonomisch-philosophische Manuskripte》, 《자본론Das Kapital》 등이 있다.

라고 주장했습니다. 마르크스는 철학이 마치 사물의 본질을 탐구하는 학문인 척하면서 실제로는 무의식중에 자본주의 체제를 지지하게 만드는 역할을 한다고 보았습니다. 여기에서 이 '무의식중에'라는 부분이 중요합니다. **이데올로기는 어디까지나 사상의 경향일 뿐입니다. 따라서 사람은 자신의 이데올로기를 스스로 인식하지 못할 수도 있습니다.** 그 때문에 남의 이데올로기를 비판하는 사람은 자칫 자신도 어떠한 이데올로기에 빠져 있다는 사실을 깨닫지 못하는 경우가 많습니다. 이런 식으로 **이데올로기끼리 격렬히 대립한 결과가 자본주의 대 사회주의라는 냉전 구도**입니다. 서로 잘못된 이데올로기라고 비난만 퍼붓다 보니 좀처럼 결론이 나지 않았고, 이 대립은 오랫동안 지속되었습니다.

인간은 어떤 형태로든 이데올로기를 가집니다. 냉전은 끝났지만 특정한 사상의 경향은 여전히 존재하기 때문이지요. 그리고 지금도 그 경향은 서로 부딪치며 대립합니다. 이렇게 생각한다면 **이데올로기 자체가 문제가 아니라, 이데올로기를 맹신하고 남에게 강요하는 행위가 문제**일지도 모릅니다.

패러다임

㉯ paradigm

㊄ 본보기가 되는 틀 / 어느 시대나 분야에서 상식으로 여기는 개념

"새로운 사업을 시작하려면 커뮤니케이션 방식에 **패러다임**의 이동이 일어나고 있다는 사실을 민감하게 받아들여야 한다."

패러다임은 원래 '본보기가 되는 틀'이라는 뜻을 가지고 있습니다. 고대 그리스에서도 패러다임은 물건을 만들기 위한 틀을 의미했습니다. 그러나 지금은 미국의 과학사학가 토마스 쿤Thomas Kuhn에 의해 패러다임의 또 다른 뜻이 생겨났습니다.

쿤은 **'시대에 따라 달라지는 과학계의 상식'**을 패러다임이라고 이야기했습니다. 시대가 바뀌면 과학 전체를 아우르는 상식이나 전제도 분명 크게 달라집니다. 이런 뜻에서 더 나아가, **일반적인 시대 상식이나 전제가 크게 달라지는 현상을 '패러다임 시프트paradigm shift'**라고 부르게 되었습니다.

시대와 분야를 막론하고 사람들이 상식으로 여기는 인식, 사상, 혹은 가치관이 존재합니다.

하지만 그런 상식은 바뀌기 마련이며, 영원불변하지 않습니다. 새로운 발견이나 과학의 발달로 상식적인 전제가 뒤집힐 수 있기 때문입니다. 과거 천동설이 무너지고 지동설이 새로운 상식이 된 것처럼 말입니다. 지동설이 과학계의 상식이 되자 마치 혁명과 같은 극적인 변화가 일어났습니다. 이것이 바로 패러다임 시프트 혹은 패러다임 체인지 paradigm change입니다.

패러독스

㊞ 逆說 ㊞ paradox ㊞ 언뜻 그럴싸한 모순

"타임머신을 타고 과거로 돌아가 젊은 시절의 부모님을 서로 만나지 못하게 만들었다고 하자. 그런데도 지금의 '내'가 사라지지 않는 것은 일종의 **패러독스**다."

패러독스는 역설逆說이라고 번역합니다. 그리스어 어원을 살펴보면, **일반적으로 받아들여지는 견해와 반대되는 명제**를 말합니다. 논리학에서는 **'증명된 바 없는 모순이 잘못된 추론에 의해 언뜻 타당해 보이는 결론으로 유도되는 사태'**를 가리킵니다.

현재에는 제논의 패러독스가 가장 많이 사용되고 있습니다. 제논은 소크라테스 이전의 철학 학파인 엘레아학파 Eleatic school의 철학자로 몇 가지 유명한 패러독스를 남겼습니다. 그중에서 가장 많이 알려진 것으로 **'아킬레우스와 거북이의 경주'**를 들 수 있습니다. 이 패러독스는 달리기를 잘하는 아킬레우스가 아무리 빨리 달려도 앞서 출발한 거북이를 추월할 수 없다는 내용입니다. 이것은 운동에 관한 여러 패러독스 중 하나입니다.

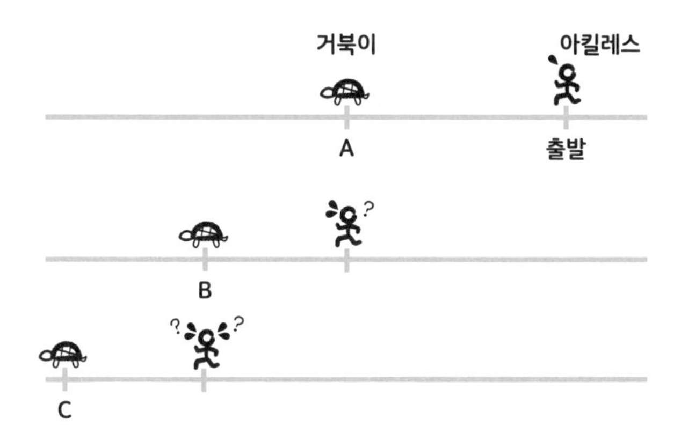

왜 아킬레우스는 거북이를 추월할 수 없을까요? 뒤늦게 출발한 아킬레우스가 거북이를 따라잡았다고 해도, 그 시점에 거북이는 조금이나마 앞으로 나아갔을 것이기 때문입니다. 아킬레우스가 A지점에 다다랐을 때 거북이는 아킬레우스가 A지점까지 오는 시간 동안 앞으로 나아가게 됩니다 B지점. 아킬레우스가 B지점까지 도달하면 거북이는 또 그 시간 동안 조금이나마 앞으로 나아가게 됩니다 C지점. 결국 아무리 시간이 지나도 아킬레우스는 거북이를 추월할 수 없습니다. 이것은 언뜻 그럴싸한 논리로 느껴지지만 실제로는 모순된 발상이라고 할 수 있습니다.

코페르니쿠스적 전환

원 Kopernikanische Wendung 뜻 180도 발상 전환

"된장에 설탕을 뿌려 먹다니. **코페르니쿠스적**인 **전환**이야."

강아지가 한 마리 있다고 가정해 봅시다. 일반적으로 우리가 그 강아지를 인식하는 이유는 강아지의 존재를 눈으로 파악하고 강아지가 있다고 생각하기 때문입니다. 하지만 반대로 생각할 수도 있습니다. 즉 우리가 강아지를 눈으로 파악하고 강아지가 있다고 생각하기 때문에 그곳에 강아지가 존재한다는 발상입니다. **대상이 존재하고 나서 그것을 인식하고 파악하는 것이 아니라, 반대로 먼저 대상을 인식하고 난 뒤 비로소 대상이 존재한다고 생각하는 개념**입니다. 칸트⁺는 이런 발상을 **'코페르니쿠스적 전환'**이라고 불렀습니다.

코페르니쿠스는 통설이었던 천동설을 부정하고, 지구가 태양 주위를 돈다는 지동설을 주장한 사람입니다.

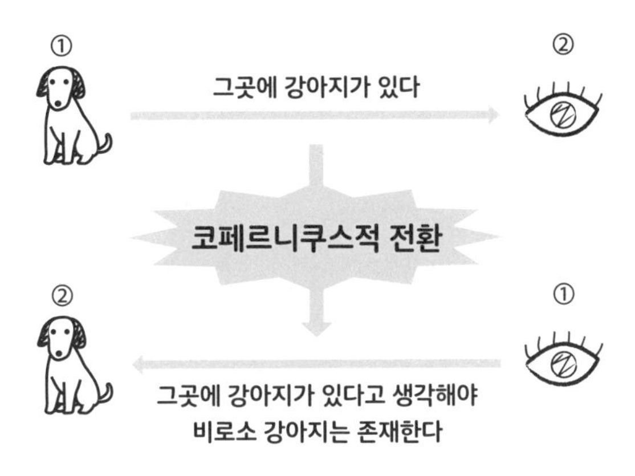

지동설은 당시의 상식을 180도 전환한 대담한 발상이었습니다. 칸트는 코페르니쿠스의 대담한 발상 전환에 감복해 자신의 인식론을 '코페르니쿠스적 발상'이라고 불렀습니다. 강아지의 존재를 인식하는 것이 아니라 강아지라는 대상을 먼저 인식함으로써 강아지가 존재한다는 생각은 분명 대담한 발상입니다.

+ **임마누엘 칸트**Immanuel Kant, 1724~1804: 독일의 철학자. 인식론을 연구하며 합리주의와 경험주의의 문제점을 지적했으며, 학문적으로 형이상학의 체계를 세우려고 노력했다. 그가 말한 형이상학의 체계란 이성이 이성 자신을 비판하는 철학을 말한다. 윤리학에서는 아무 조건 없이 선하게 행동할 것을 요구했다. 그는 철학사에 많은 영향을 끼친 철학자로서, 철학 사조에서 칸트 이전과 칸트 이후는 많은 차이를 보인다. 저서로는 《순수 이성 비판Kritik der reinen Vernunft》, 《실천 이성 비판Kritik der praktischen Vernunft》 등이 있다.

래디컬

㉾ radical

㉹ 이전과는 근본적으로 다른 / 상식을 뒤집을 만큼 과격한

"정치 체제를 180도 바꿔야 한다고 말하다니 넌 너무 **래디컬**해."

래디컬에는 '근원적'이라는 뜻과 '과격한' 또는 '급진적'이라는 뜻이 있습니다. 따져 보면 모두 같은 의미입니다. **래디컬이라는 말은 이전의 상식이나 설정을 근원적으로 뒤집을 만큼 완전히 다르고 새로운 성질**을 가리킵니다. 이것은 이전의 상식에 비춰 보면 과격하고 급진적일 수밖에 없습니다. 그 때문에 래디컬한 생각에는 서로 다른 두 가지 평가가 뒤따르기 마련입니다. 새롭다는 의미에서 긍정적으로 평가하기도 하고, 과격하다는 의미에서 부정적으로 평가하기도 합니다. 이처럼 상식을 뒤집는 개념은 정치사상, 예술, 종교 등 온갖 분야에서 나타납니다. 그래서 래디컬은 어느 분야에서든 빈번하게 사용하는 용어입니다. 아울러 사회의 **체제나 질서를 근원적이고 급진적인 혁명으로 바꾸려는 입**

장을 래디컬리즘radicalism(급진주의)이라고 합니다.

니힐리즘

㉯ nihilism ㉦ 모든 기성 가치를 부정하는 입장

"넌 모든 게 무의미하다고 말하는데, 그런 **니힐리즘**은 좋지 않아. 좀 더 긍정적으로 생각할 수 없어?"

흔히 '허무주의'라고 번역되는 니힐리즘은 지금까지 가치 있다고 여겨진 대상의 가치를 부정하는 입장입니다. 많은 철학자가 니힐리즘을 주창했지만, 니체의 니힐리즘이 가장 활발히 쓰이고 있습니다. 니체는 니힐리즘이라는 용어를 통해 유럽 사회 전체를 좀먹는 사람들의 태도를 부정했습니다. 이상적인 세계를 중시하는 발상 때문에 플라톤 이후의 철학적 전통이나 기독교 가치관이 확립되었다고 주장했지요. 니체는 사람들이 이상에 사로잡혀 현실을 받아들이지 않았고, 그 때문에 허상이 생겨났다고 주장했습니다.

세상의 의미를 애써 찾으려는 사람들. 니체는 그것을 영원회귀라는 말로 표현했습니다. 무의미한 삶이 영원히 반복된다는 느낌입니다. 영원회귀에서 벗어나기 위해서는 어

떻게 해야 할까요?

니체는 오히려 니힐리즘을 철저히 따라가면서 기존의 허구를 모두 버려야 한다고 이야기했습니다. **세상이 무가치하다는 점을 인정하고, 있는 그대로의 현실 세계를 받아들이라는 것**입니다. 이것을 능동적 니힐리즘이라고 부릅니다. 니체의 초인 사상은 **능동적 니힐리즘**을 실현하기 위해 제기한 개념 중 하나입니다. 초인은 남에게 의존하지 않고 새로운 가치관을 스스로 확립하는 존재를 말합니다. 인간은 초인이 되려고 노력함으로써 비로소 니힐리즘을 극복할 수 있습니다.

페시미즘

㉥ pessimism ㉧ 무엇이든 나쁘게 받아들이는 태도

"컵 안에 물이 반밖에 남지 않았다고 생각하는 것은 **페시미즘**이고, 컵 안에 물이 반이나 남았다고 생각하는 것은 옵티미즘이다."

페시미즘은 **염세주의** 또는 **비관주의** 등으로 번역합니다. 반대말로는 낙관주의와 옵티미즘optimism이 있습니다. 페시미즘은 '최악'을 뜻하는 라틴어 'pessimum'에서 유래한 말로, 현실 세계를 '최악'으로 받아들인다는 뜻입니다. 즉 **무엇이든 나쁘게 받아들이는 태도**를 말합니다. 그리스 신화에 등장하는 디오니소스의 스승 실레노스는 '인간에게 최선은 처음부터 태어나지 않는 것, 차선은 곧 죽는 것'이라고 말했습니다. 이 말은 페시미즘을 상징합니다.

철학자 중에는 쇼펜하우어✦가 페시미즘에 대해 고찰했습니다. 그는 **삶 자체가 고통이며, 그 고통에서 벗어나려면 철학으로 의지를 부정하는 수밖에 없다**고 주장했습니다.

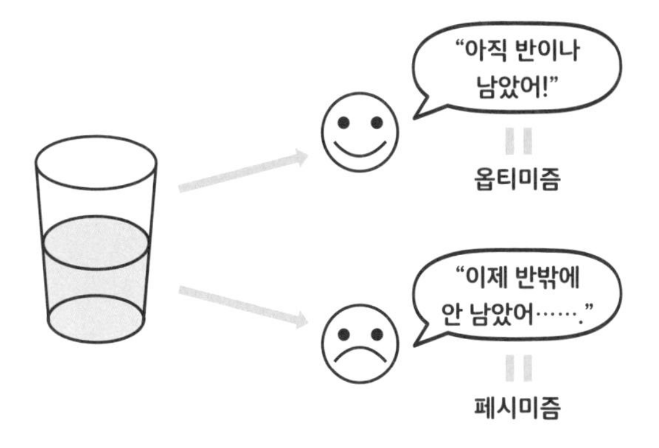

즉 인간이 살아가는 한 고통을 피할 수는 없으므로 오히려 고통을 느끼는 자신의 의지를 억누르라고 역설한 것입니다. 아마 그 반대는 고통을 극복하는 일이었을 것입니다. 하지만 페시미스트라서 그런지 쇼펜하우어는 그런 발상까지 할 형편이 아니었나 봅니다.

✦ **아르투르 쇼펜하우어**Arthur Schopenhauer, 1788~1860: 독일의 철학자. 지성보다 의지에 주목했다. 생명은 살기 위한 투쟁이며 최악의 세계를 벗어나기 위해서는 생의 의지를 끊고 세계적인 예술과 종교에 들어가야 한다고 말했다. 저서로는 《의지와 표상으로서의 세계Die Welt als Wille und Vorstellung》, 《시각과 색채에 관하여Über das Sehn und die Farben》 등이 있다.

에고이즘

㉯ egoism ㉣ 자기중심적인 발상

"자기만 행복하게 살 수 있다면 다음 세대가 어떻게 되든 상관없다는 태도는 **에고이즘** 아니야?"

에고이즘이란 일반적으로 **자기의 이익만을 생각하고 남의 이익을 생각하지 않는 자기중심적인 발상**을 말합니다. '이기주의'로 번역하며, 반대말은 '이타주의'입니다. 윤리학에서는 에고이즘을 '행위의 동기부여가 이해관계로만 이루어진다'고 설명합니다. 즉 **자기에게 이득이 없다면 행위에 나서지 않는다는** 것입니다.

구체적으로는 **심리적 이기주의**psychological egoism와 **윤리적 이기주의**ethical egoism로 구분할 수 있습니다. 심리적 이기주의는 **인간의 모든 행위가 본질적으로 자기의 이익에 따라 이루어진다는 주장**입니다. 그렇기 때문에 행위를 규제하기 위한 법이나 도덕이 필요하다고 말합니다.

반면 윤리적 이기주의는 **사회 전체의 이익을 위해 자기**

의 이익을 추구해야 한다는 규범적인 주장입니다. 그래서 최대 다수의 최대 행복을 기준으로 행위의 정당성을 가늠하는 공리주의와 비슷해 보일지도 모릅니다. 그러나 윤리적 이기주의의 핵심은 어디까지나 자기의 이익을 추구한다는 것입니다. 자기를 희생하면서까지 사회의 최대 행복을 실현하려는 것은 아닙니다. 이것이 윤리적 이기주의와 공리주의의 큰 차이점입니다.

페티시즘

㉯ fetishism ㉰ 별난 것에 애착을 가짐

"그런 이상한 것을 숭배하다니. 그건 일종의 **페티시즘**이로군."

페티시즘이란 일반적으로 **성스러운 것에 대한 숭배**를 의미합니다. 물신숭배物神崇拜라고 번역하기도 하지요. 주물을 의미하는 'fetish'에서 유래한 말입니다. 페티시즘은 다양한 분야에서 쓰이는 용어인데, 종교학에서는 자연을 성스러운 존재로 떠받드는 원시종교를 페티시즘이라고 부르기도 합니다. 한편 마르크스는 자본주의 사회에서 상품과 화폐가 기묘한 힘을 부여받으며 페티시즘의 대상이 되었다고 말했습니다.

그리고 지금은 페티시즘이라는 말이 성애론에서도 사용됩니다. 이때는 성적도착으로서의 페티시즘을 말합니다. 예를 들어, **프로이트는 충족되지 않는 욕망 때문에 무의식적으로 신체 일부에 애착을 갖게 되는 것을 페티시즘이라**

고 설명했습니다.

'손 페티시'나 '발 페티시'가 그런 현상의 예라고 할 수 있습니다. 이처럼 페티시즘은 다양한 형태를 띠는데, 그 가운데 공통점은 어떤 이유로든 이해하기 어려운 별난 것을 애착의 대상으로 삼는다는 것입니다.

리버럴리즘

㉯ liberalism ㉮ 중립적인 입장에서 판단하는 사상

"우익이니 좌익이니 하는 극단적인 사상의 입장이 아니라, 중립적인 입장에서 자유와 평등을 주장하는 것이 **리버럴리즘**이다."

리버럴리즘은 정치철학의 기본 용어이며 개인의 자유를 존중하는 사상입니다. 보통 '**자유주의**'라고 번역합니다. 자유를 존중하는 사상에도 다양한 종류가 있습니다. 극단적인 개인주의를 주장하는 리버테리어니즘libertarianism부터 복지국가를 내세우는 복지국가형 자유주의까지 다양한 자유사상과 구별하기 위해 최근에는 리버럴리즘이라는 말을 원어 그대로 사용하는 추세입니다.

리버럴리즘은 **'인간이 태어날 때부터 지니고 있는 생명, 자유, 재산 등의 자연권을 권력의 자의적인 행사로부터 보호해야 한다'는 사상에서 시작**했습니다. 이를 고전적 자유주의라고 하며, 17세기 로크가 주장했지요. 그 후 고전적 자유주의는 19세기 밀의 《자유론On Liberty》으로 계승되었습니

다. 밀은 고전적 자유주의를 '남에게 위해를 가하지 않는 한 자유는 보장되어야 한다'라고 표현했습니다. 이처럼 리버럴리즘은 **가치 중립성**을 지지합니다.

이와 같은 리버럴리즘의 사상을 비판하는 것이 공통선共通善, the common good을 지향하는 커뮤니테리어니즘 사상입니다. 고전적 자유주의와 공동체주의의 대립은 1980년대에 일어난 자유주의–공동체주의 논쟁liberalism-communitarianism debate으로 알려져 있습니다.

사실 **현대사회에서 리버럴리즘은 단순히 중립적 가치를 내세우는 것을 넘어 사람들의 자유를 적극적으로 보장**하고자 합니다. 그 배경에는 자본주의의 진전이 자리 잡고 있습니다. 빈부의 차를 극복하는 일이 사상적인 면에서도 중요한 과제가 된 것입니다. 현대 리버럴리즘의 기수旗手인 존 롤스✦의 《정의론A Theory of Justice》이 대표적인 예입니다. 이것은 복지국가형 자유주의 혹은 평등주의적 자유주의라고 말할 수 있습니다.

✦ **존 롤스**John Rawls, 1921~2002: 미국의 정치철학자. 하버드대학교 교수. 공리주의를 비판하고 민주주의 사회의 기본 원리로서의 윤리학을 구상했다. 사회적 약자의 이익을 최대화하기 위해 '격차원리'를 주장했다. 이는 사회·경제적 불평등은 사회 약자에게 이익이 돌아가는 경우에만 허용되며, 모든 이에게 공정한 기회를 주어야 한다는 내용이다. 저서로는 《정의론A Theory of Justice》, 《만민법The Law of Peoples》 등이 있다.

전체주의

㉻ 全體主義 ㉹ totalitarianism

㉾ 모두 똑같은 생각을 갖도록 강요하는 체제

"사내에서 사장의 말에 반대하는 사람이 한 명도 없다니. 모두의 의견이 같다면 이건 **전체주의**나 마찬가지 아닌가?"

전체주의는 개인보다 전체를 우선시하는 사상입니다. 사회 전체를 일원적으로 지배하려는 집권적 정치 체제를 말하지요. 전형적인 예로는 독일의 나치즘과 소련의 스탈린주의가 있습니다. 이들 사상의 공통점으로는 이데올로기를 공유한다는 점, 국가 기관보다 단독 정당이 우월하다는 점, 권위적 지도자를 중심으로 통합한다는 점, 합법적인 살육을 자행한다는 점 등이 있습니다.

전체주의의 메커니즘을 연구한 한나 아렌트*는 《전체주의의 기원The Origins of Totalitarianism》에서 대중사회의 출현으

* **한나 아렌트**Hannah Arendt, 1906~1975: 독일 출신의 현대 사상가. 전체주의에 대한 분석을 시도했다. 현대 공공 철학의 선구자이기도 하다. 저서로는 《전체주의의 기원The Origins of Totalitarianism》, 《인간의 조건The Human Condition》 등이 있다.

로 민중의 고립화가 진행되면서 전체주의가 생겨났다고 주장했습니다. 다시 말해, **고립이 심화될수록 사람들은 서로를 이어 주는 이데올로기를 더욱더 원하게 되었다는 것입니다.**

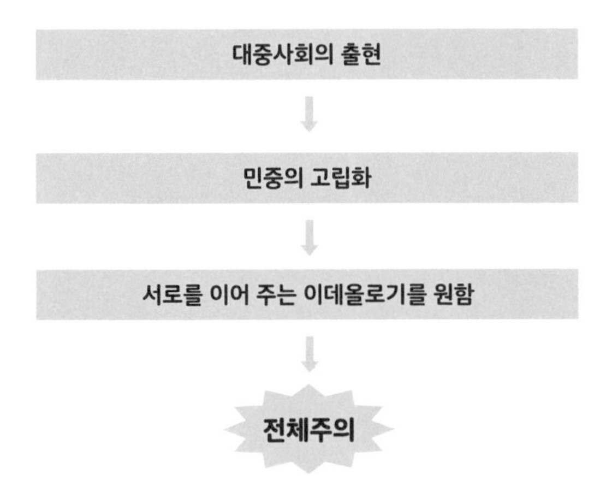

이런 분위기에 편승한 정치가가 히틀러와 스탈린입니다.

전체주의를 유지하기 위해 지도자는 이데올로기를 공유하도록 강요하고, 공포정치를 실시합니다. 전체주의 개념은 특히 냉전 구조에서 자유주의 진영이 사회주의 진영을 가리킬 때 쓰였고, 보통은 **획일적으로 통제되는 관리사회 전반**을 나타내는 데 사용합니다.

카오스 / 코스모스

원 chaos / cosmos 뜻 뿔뿔이 흩어진 상태 / 통일된 상태

"우리 머릿속은 깔끔히 정리되어 있는 듯 보여도, 실제로는 혼란스럽기 그지없다. 그런 의미에서 **코스모스**와 **카오스**가 뒤섞인 상태라고 할 수 있다."

카오스란 어떤 사건이 발생하는 시점, 초기 단계의 무질서한 상태를 가리킵니다. 따라서 '혼돈'이라고 번역하는 경우가 많습니다. 요컨대 뿔뿔이 흩어진 상태를 말합니다. 또한 카오스는 **우주가 탄생할 때 만물이 발생한 장소**를 뜻합니다.

카오스가 혼돈스러운 상태 전반을 나타내게 된 것은 고대 그리스의 자연철학자 아낙사고라스Anaxagoras가 "모든 사물은 모든 곳에 잠재적으로 존재한다."라고 주장했을 때부터였습니다. 즉 원래 모든 사물은 뿔뿔이 흩어진 상태로 존재한다는 것입니다. 이와 반대로 **코스모스는 뿔뿔이 흩어진 상태가 아니라 조화롭게 통일된 상태**를 가리킵니다. 따라서 코스모스는 **'질서'**라고 번역합니다.

카오스와 코스모스는 언뜻 정반대의 상태처럼 보입니다. 하지만 카오스가 코스모스를 이끌기도 하고 반대로 코스모스가 카오스가 되기도 하는 등 **한쪽이 반대쪽을 유발하는 관계**에 있다고 볼 수 있습니다. 만들면 부수고 싶고 부수면 만들고 싶어지는 것이 인간이지요. 그런 인간의 행동도 카오스와 코스모스에 지배당하고 있는지도 모릅니다.

자아

㉾ 自我 ㉾ self ㉾ 자신의 의식

"남에게 좌우되지 말고, 확실한 **자아**를 찾는 것이 중요하다."

자아自我란 **타자나 외부 세계로부터 구별되는 자신의 의식**을 가리킵니다. 이 개념을 최초로 명확히 제시한 사람은 근대 프랑스 철학자 데카르트입니다. 데카르트는 자신의 의식만큼은 의심할 수 없다고 이야기하며 **인간의 본질을 의식**이라고 생각했습니다.

이후의 근대 철학자들이 모두 이 자아의 정체를 둘러싸고 사색을 전개해 왔다고 해도 과언이 아닙니다. 특히 칸트가 시작해서 헤겔이 완성한 독일관념론은 자아와 그 대척점에 있는 비아非我, not-self와의 관계성에 대한 논의를 발전시켰습니다. 관념론은 인간의 주관, 다시 말해 자신의 의식이 비아, 즉 나 이외의 사물의 존재를 성립시킨다고 생각하기 때문입니다.

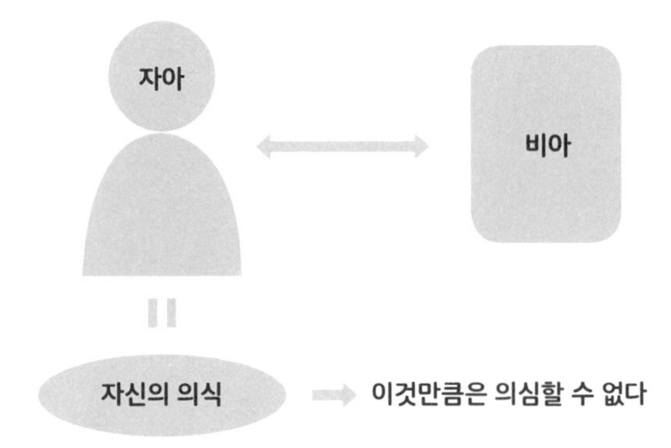

한편, 자아는 정신분석가 프로이트의 용어이기도 합니다. 그는 자아가 **본능**이드**과 규범의식**초자아 **사이의 갈등을 조정하는 마음의 기능**이라고 보았습니다.

아이덴티티

㉧ identity ㊫ 자신이 어떤 사람인지 알고 있음

"불안정한 상태에서 벗어나려면 **아이덴티티**를 확립해야 한다."

'자기동일성'이나 **'자아동일성'**이라고도 번역되는 **아이덴티티는 자신이 어떤 사람인지 스스로 이해하는 상태**를 가리킵니다. 따라서 자신의 정체성을 이해하지 못한 상태라면 아이덴티티를 상실했다고 합니다. 발달심리학자 에릭슨✦은 인생의 각 단계마다 아이덴티티를 확립하는 것이 중요하다고 역설했습니다.

아이덴티티라는 말은 개인뿐만 아니라 집단에 대해서도 쓸 수 있습니다. "한국인의 아이덴티티는 무엇인가?"라는 질문은 한국인이란 어떤 사람인지 묻는 것입니다.

✦ **에릭 에릭슨**Erik Erikson, 1902~1994: 독일 출신의 발달심리학자, 정신분석가. 아이덴티티에 관해 논의를 전개했다. 저서로는 《아이덴티티와 라이프사이클Identity and the Life Cycle》, 《아동기와 사회Childhood and Society》 등이 있다.

내가 누구인지
모르겠어…….

중용

㉿ 中庸 뜻 한쪽으로 치우치지 않은 적당한 상태나 정도

"나는 어떤 상황에서도 **중용**을 지키려고 노력하고 있어."

중용이라는 말은 **'적당한 상태'**를 의미합니다. 유교의 시조인 공자孔子는 넘치거나 모자라지 않은 적당한 태도를 유지하라고 말했습니다. 흥미로운 점은 고대 그리스에서도 똑같은 의미의 **메소테스mesotes**라는 용어가 통용되었다는 사실입니다. 위와 같은 이유로 '메소테스'를 '중용'이라고 번역합니다.

아리스토텔레스는 권장할 만한 인간의 덕으로 메소테스를 꼽으며 다음과 같이 말했습니다. "공포, 자신감, 욕망, 분노, 연민 등의 유쾌하거나 불쾌한 감정을 너무 잘 느끼는 것도 너무 느끼지 못하는 것도 좋지 않다. 이런 **유쾌하거나 불쾌한 감정을 적절한 때에, 적절한 사물에, 적절한 사람들에게, 적절한 동기에 의해, 적절한 방법으로 느끼는 것이 중용**

이며, 최선이고, 덕이다."

즉 양극단의 중간을 취하라는 것입니다. 구체적으로 말하면, 소심함과 무모함 사이의 적절한 상태는 용감함입니다. 마찬가지로 무감각과 방종 사이의 적절한 상태는 절제입니다. 알랑거림과 무뚝뚝함 사이의 적절한 상태는 호의입니다. 자기 비하와 자만 사이의 적절한 상태는 성실입니다. 인간은 어느 한쪽으로 치우치기 마련입니다. 그런 의미에서 중용을 실천하고, 유지할 수만 있다면 삶의 고민은 사라질지도 모릅니다.

이성

㊞ 理性 ㊞ reason ㊞ 논리로 본질을 파악하는 능력

"인간은 **이성**의 힘으로 전쟁을 완전히 끝낼 수 있다고 생각한다."

이성이란 사물을 논리적으로 생각하는 능력입니다. 그런 의미로 철학에서 가장 중요한 능력이라고 할 수 있습니다. 수많은 철학자가 이성에 관해 논했으며 그중 아리스토텔레스의 이야기가 가장 유명합니다.

아리스토텔레스는 "인간은 이성을 갖춘 동물이다."라고 정의했습니다. **인간은 단순히 감각을 통해 사물을 표면적으로 인식하지 않고, 이성을 통해 논리적으로 본질을 파악할 수 있다는 점**을 나타낸 것입니다.

특히 근대의 철학자들은 이성의 신봉자라고 할 수 있습니다. 예를 들어, 칸트는 이성이 경험보다 앞서는 능력이라 보았습니다. 사물을 경험하지 않고도 이해할 수 있는 이유는 이성을 갖췄기 때문이라고 생각한 것입니다. 이때 **이성**

은 사물을 이해하는 타고난 척도처럼 작용합니다.

근대 철학을 완성했다고 평가받는 헤겔은 이성으로 모든 것을 파악할 수 있다고까지 주장했습니다. 이성에 대한 신뢰가 최고조에 이른 것입니다. 그러나 이성에 대한 믿음이 근대의 여러 가지 모순을 낳았다는 점에서, 이성을 반성의 눈으로 바라보는 철학자도 생겨났습니다.

'도구적 이성'을 비판한 하버마스도 그중 한 사람입니다. 그는 **인간이 이성을 통해 목적을 달성하려 할 때 오히려 비참한 결과를 낳았다는 점을 지적**했습니다. 전쟁이나 홀로코스트가 전형적인 예시입니다. 그는 이성이 단지 목적을 위한 도구로 전락하는 것에는 반대했습니다. 하지만 의사소통 과정에서 대화로 합의를 이끌어 낼 수 있도록 이성을 발휘해야 한다고 말했습니다.

주체/객체

㊕ 主體 / 客體 ㊚ 행위자 / 상대방

"정부는 자신들이 통치의 **주체**이고, 국민들이 통치의 **객체**가 되기를 바라는가? 아니다. 주체는 어디까지나 국민이어야 한다."

주체란 자기 자신이고, 객체란 상대방 또는 상대되는 사물을 말합니다. 조금 더 정확히 설명하려면 먼저 주관과 주체를 서로 구별해야 합니다. 주관과 주체의 차이는 인식과 행위의 차이입니다. 다시 말해 자신이 무언가를 인식하면 이를 주관이라 하고, 그 인식을 토대로 행동을 취하는 자신을 주체라고 합니다. 그래서 주체를 행위자라고도 할 수 있는 것입니다.

객관客觀과 객체의 관계도 기본적으로는 이와 비슷합니다. '나'의 인식이 주관이라는 것은 '나'의 입장에서 봤을 때의 표현입니다. 이와 반대로 인식되는 쪽에서는 '나'의 인식을 객관이라 할 수도 있습니다. 어느 쪽에서 보느냐에 따라 주관과 객관은 갈리게 됩니다.

그러므로 **객체라는 것은 인식되는 쪽인 객관이 행동을 취하는 주체가 되었을 때의 명칭**입니다. 예를 들어 '아버지가 강아지를 보고 있는 상태'라면 아버지가 주체이고, 아버지가 강아지를 보고 있다는 것이 주관입니다. 이때 강아지는 객체이고, 아버지에게 보이는 강아지가 객관입니다. 이것이 주체와 객체, 주관과 객관의 차이입니다. 여기에서 알 수 있는 점은 **주체 이외의 모든 것이 반드시 객체가 되지는 않는다는 사실**입니다. '나'에게 인식된 상태가 객관이라면, '내'가 인식하지 않는 것은 객관이 되지 않기 때문입니다.

따라서 '현실'이라고 말할 수 있는 세상이 무한히 펼쳐져 있고, 우리는 그 세상에서 객체가 되는 극히 일부의 세상만을 뚝 떼어 내어 살고 있는 것에 불과합니다. **주체는 그런 식으로 세상 일부를 떼어 내고 그곳에 의미를 부여함으로써 비로소 객체를 만들어 냅니다.** 이 일부의 세상에 의미를 부여하는 일이야말로 전체 세상을 이해하는 일과 마찬가지입니다.

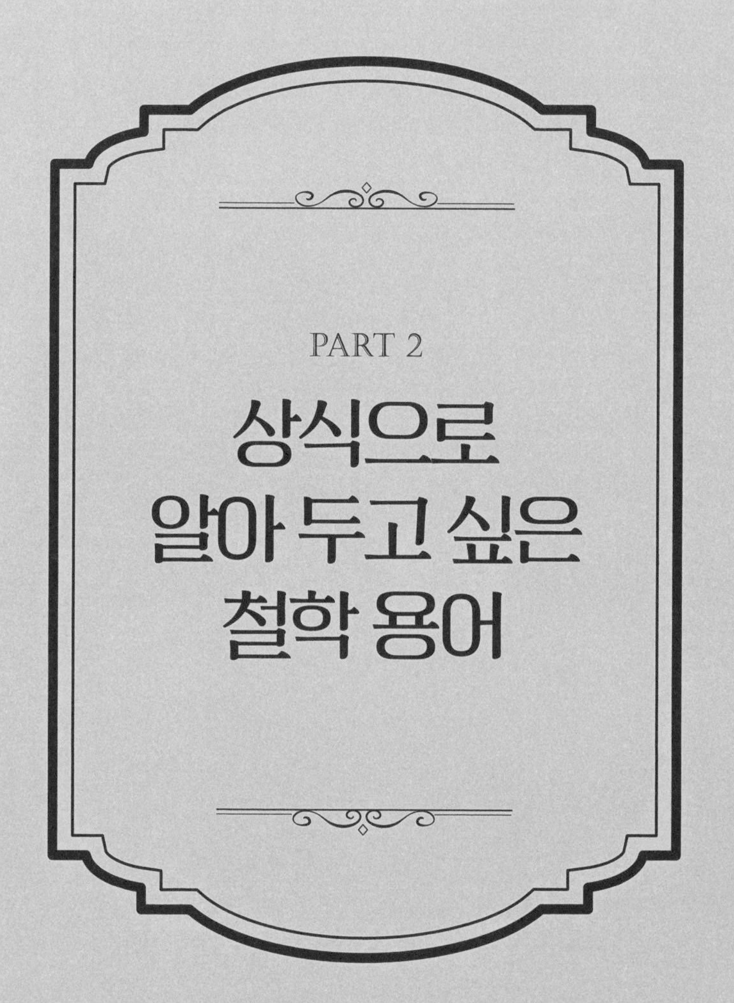

PART 2

상식으로 알아 두고 싶은 철학 용어

변증법

㊞ 辨證法 ㊞ dialectic ㊞ 제3의 길을 창조하는 방법

"원자력 발전을 계속할 것인가 아니면 완전히 철폐할 것인가? 이와 같은 양자택일의 논의에서는 쉽사리 결론이 나지 않으므로 해답을 **변증법**적으로 구해야 한다."

변증법의 개념은 소크라테스 시대부터 존재했습니다. 다만 그 시절의 변증법은 **상대방과의 문답 도중에 상대방 주장의 논리적인 모순을 들춰내기 위한 도구**에 지나지 않았습니다. 이 도구를 생산적인 사고법으로 탈바꿈한 사람이 헤겔✦입니다. 따라서 우리가 알고 있는 일반적인 '변증법'은 헤겔의 변증법을 가리킵니다.

헤겔의 변증법은 **문제가 생겼을 때 그 문제를 극복해서 한층 더 높은 수준으로 도달하는 사고법**을 가리킵니다. 이

✦ **게오르크 빌헬름 프리드리히 헤겔**Georg Wilhelm Friedrich Hegel, 1770~1831: 관념 철학을 대표하는 독일의 철학자. 근대 철학의 완성자로 불린다. 모든 것은 끊임없는 변화 과정에 있다고 주장하면서 변화의 원인을 자기부정에서 찾았다. 이것은 헤겔의 변증법 개념으로 유명하다. 저서로는 《정신현상학Phänomenologie des Geistes》, 《법철학 강요Grundlinien der Philosophie des Rechts》 등이 있다.

사고법을 사용하면 대립하여 도저히 어울릴 수 없을 것 같은 두 가지 문제도 어느 한쪽을 버리지 않고 더 좋은 해결법을 찾아낼 수 있습니다. 이른바 제3의 길을 창조하는 방법입니다.

구체적인 방법은 **'정**正 → **반**反 → **합**合' 또는 독일어인 **'테제**These → **안티테제**Antithese → **진테제**Synthese'로 표현할 수 있습니다. 아우프헤벤이라는 개념도 중요합니다. 아우프헤벤은 어떤 사물테제에 모순되는 사항이나 문제점이 존재하는 경우안티테제, 그 모순이나 문제점을 극복하고 더 완벽하고 발전된 해결법진테제을 만들어 내는 방법을 말합니다. 단순히 양자택일에 의한 타협이나 절충안과는 다릅니다. 어떤 사물이든 모순을 지니고 있기 때문입니다. 플러스인 면이 있다면 반드시 마이너스인 면도 존재합니다. 이것이 사물의 존재 방식입니다. 바꿔 말하면, **어떤 문제든 극복하지 못할 이유가 없는 것입니다.** 모든 사물은 이런 극복을 반복하며 발전해 갑니다. 따라서 이 변증법으로 마이너스를 플러스로 바꾸는 문제 해결법을 만들어 나갈 수 있습니다.

테제 / 안티테제 / 진테제

한 定立 / 反定立 / 綜合 원 These / Antithese / Synthese
뜻 문제 제기 / 문제 발생 / 문제 극복

"더 나은 해답을 얻기 위해서는 우선 **테제**를 세우고, 그에 대한 **안티테제**를 던진 다음 마지막으로 그 둘을 통합한 **진테제**를 도출해야 한다."

테제, 안티테제, 진테제는 각각 헤겔의 변증법을 구성하는 요소입니다. 즉 **헤겔의 변증법은 가장 먼저 어떠한 사물을 제시하는 것에서 시작**합니다. **이렇게 제시된 사물이 테제**이며, 테제는 '정립定立' 또는 '정正'이라고 번역합니다. 이른바 문제 제기의 단계지요.

모든 사물에는 반드시 모순점이 있기 마련입니다. **이 모순점이 바로 안티테제**입니다. 안티테제는 '반정립反定立' 또는 '반反'이라고 번역하며, 문제 발생의 단계를 가리킵니다. 헤겔은 이 안티테제를 긍정적으로 파악했습니다. **문제를 제거하는 것이 아니라 오히려 테제에 받아들임으로써 더욱**

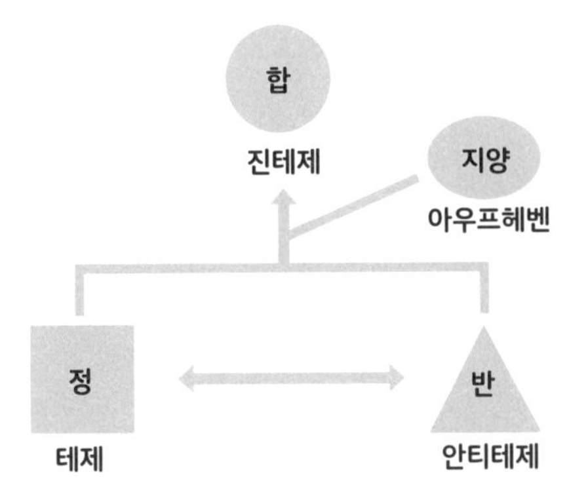

높은 차원을 향해 나아갈 수 있기 때문입니다. 이렇게 테제에 문제를 받아들이는 것을 아우프헤벤이라고 합니다. 아우프헤벤은 '지양止揚'이라고 번역하며, **아우프헤벤을 통해 모순을 극복한 단계를 진테제**라고 합니다. 진테제는 '종합綜合' 또는 '합合'이라고 번역하는데 이른바 문제 극복의 단계를 가리킵니다.

예를 들어, 어떤 팀을 꾸린다고 가정해 봅시다. 이 팀이 테제입니다. 그런데 팀 전체의 조화를 깨뜨리는 팀원이 나왔습니다. 이 팀원은 안티테제입니다. 그러나 그 팀원을 배제하지 않고, 대화를 통해 진정한 동료로 받아들임으로써 팀은 더욱 일체감을 이루게 되었습니다. 이 상태가 진테제입니다.

아우프헤벤

원 Aufheben 뜻 모순을 해결함

"의견이 엇갈릴 때는 이 문제에 대한 **아우프헤벤**을 어떻게 이룰지 생각하는 것이 가장 빠른 해결 방법이다."

아우프헤벤은 헤겔의 변증법에서 사용하는 용어이며, **'지양止揚'** 또는 **'양기揚棄'**로 번역합니다. 헤겔의 변증법에서는 어떤 문제테제에 모순안티테제이 생겼을 때, 그 모순을 제거하기보다는 양쪽을 종합하려 합니다. **모순이나 대립을 고차적 단계에서 통일하고, 종합하는 행위가 바로 아우프헤벤입니다.**

독일어의 아우프헤벤Aufheben이라는 단어에는 '폐기하다', '부정하다'라는 뜻 외에 '보존하다', '높이다'라는 뜻도 포함되어 있습니다. 헤겔은 이 단어가 지닌 두 가지의 상반되는 의미를 절묘하게 이용했습니다. 이처럼 테제와 안티테제를 종합한 결과가 바로 진테제입니다.

이처럼 아우프헤벤은 모순을 받아들이고 종합하는 것을

뜻하며, 이를 바탕으로 모순을 해결합니다. 따라서 **아우프헤벤의 결과는 당연히 이전보다 발전한 단계에 이르렀다고 생각할 수 있습니다.** 실제로 세상에 존재하는 수많은 기술은 아우프헤벤의 결과입니다.

귀납/연역

㉿ 歸納 / 演繹 ㉾ induction / deduction

㊟ 개별 사례에서 일반 법칙을 이끌어 내는 사고법/
일반 법칙에서 개별적인 해답을 이끌어 내는 사고법

"너는 항상 '많은 사례를 모은 뒤에 결론을 내라'고 하지. 그런 의미에서 네 사고 패턴은 **연역**적이 아니라 **귀납**적이야."

귀납歸納과 연역演繹이란, **경험론과 합리론의 사상적 입장에 대응하는 두 가지 논리적 사고법**을 말합니다. 둘 다 사물을 추론하기 위한 방법론입니다.

귀납은 **개별 사례를 모았을 때 눈에 보이는 사항을 일반적인 법칙으로 이끌어 내는 방법**입니다. 개별적인 경험을 중시한다는 점에서 경험론으로 결론짓습니다. 예를 들어, 곤충이나 토끼 등 서로 다른 생물을 여러 마리 관찰해 보면 관찰한 생물이 모두 세포로 이루어졌음을 알 수 있습니다. 이런 사실을 바탕으로 '일반적으로 생물은 세포로 이루어졌다'라는 일반 법칙을 도출할 수 있습니다. 이것이 귀납적 사고입니다.

이에 반해 **연역은 일반적인 전제에서 삼단논법과 같은**

논리 법칙을 거쳐 개별적인 사실을 이끌어 내는 방법입니다. 예를 들어, 삼각형의 내각의 합은 180도입니다. 한편, n각형의 한 꼭짓점에서 대각선을 그었을 때 생기는 삼각형의 수는 n−2입니다. 사각형이라면 4−2=2이므로 두 개의 삼각형이 생깁니다. 이런 전제에서 출발하면 n각형의 내각의 합은 180도×(n−2)가 됩니다. 따라서 오각형의 내각의 합은 540도, 육각형의 내각의 합은 720도로 계산할 수 있습니다. 이처럼 연역법은 개별적이고 경험적인 사실을 배제하고 일반적인 법칙을 불쑥 전제로 내세웁니다. 따라서 이것은 합리론으로 결론을 도출하는 사고법입니다.

토톨로지

㉯ tautology ㉫ 같은 뜻의 말을 무의미하게 반복함

"네가 말한 '정의란 올바른 것'이라는 문장은 완벽한 **토톨로지**야."

토톨로지는 **같은 뜻의 말을 무의미하게 반복하는 '동어반복'**을 뜻합니다. '말에서 떨어져 낙마했다'라는 문장은 '떨어졌다'와 '낙마'라는 같은 뜻의 말을 무의미하게 반복한 예시입니다.

한편, 논리학에서는 항진명제를 토톨로지라고 부릅니다. 항진명제란 **그 진위를 판단할 때 항상 참이 되는 명제**를 가리킵니다. 예를 들어 'A면 A다'와 'A이거나 A가 아니다'라는 명제는 A에 무엇이 들어가도 항상 참입니다. 따라서 이 명제는 토톨로지라고 할 수 있습니다.

레세페르

㉯ laissez-faire ㉶ 경제를 시장에 맡기려는 입장

"자넨 정부가 규제를 좀 더 완화해야 한다고 주장하는군. **레세페르**가 바람직하다는 말인가?"

레세페르란 '자유방임주의'를 뜻하는 프랑스어입니다. **국가권력의 간섭을 최소한으로 제한하려는 사상**이며 정식으로는 뒷부분에 레세파세laissez-passer까지 붙습니다. 국부의 원천이 농업 생산이라고 주장한 프랑스의 중농주의자들은 '레세페르 레세파세Laissez Faire, Laissez Passer: 일하게 두라, 지나가게 두라'를 표어로 삼았습니다.

그 후, 영국의 고전파 경제학에서 **"경제는 정부가 개입하지 않고 시장에 그대로 맡기는 편이 좋다."**는 일반 경제정책을 나타내는 말로 레세페르를 쓰기 시작했습니다. 이 경우에는 '자유방임주의'라고 번역합니다.

이데아

㉯ Idea ㊫ 이상적인 모습

"이 세상에서 일어나는 일은 **이데아**의 그림자에 불과하다. 따라서 마음의 눈으로 진정한 모습을 똑바로 바라보아야 한다."

이데아는 플라톤 철학의 핵심을 이루는 개념이며, **존재와 인식의 근거가 되는 초월적인 실체 사물의 모습이나 형태**를 의미합니다. 이데아는 우리가 눈으로 확인할 수 있는 형태가 아니라, 이른바 마음의 눈으로 통찰하는 사물의 진정한 모습 혹은 사물의 원형을 가리킵니다. 감각으로 파악할 수 있는 존재는 시간이 지날수록 모습을 바꾸지만, 이데아는 영원불변합니다. 그리고 모든 사물은 이데아의 그림자에 지나지 않기 때문에 우리는 그것의 진정한 모습을 찾아내야 합니다.

예를 들어 장미에는 장미의 이데아가, 원에는 원의 이데아가 있습니다. 그 때문에 장미꽃 봉오리만 봐도 활짝 핀 장미꽃을 떠올릴 수 있지요. 또한 삐뚤빼뚤한 원을 보고도 매

끈한 원을 그려 낼 수 있습니다. 이것은 머릿속에 장미꽃과 원의 이데아가 존재하기 때문에 가능합니다. 즉 이데아라는 것은 사물의 이상적인 모습을 가리킵니다. 이데아는 이성이 있어야만 올바로 파악할 수 있는 존재이며 근래에는 인간의 '관념'을 나타내는 말로 쓰입니다.

플라톤은 이데아로 구성된 영원불멸의 세계와 감각으로 파악할 수 있는 현실의 세계를 구분했습니다. 전자가 이데아계, 후자가 현상계입니다. 끊임없이 변화하는 현상계는 영원히 변하지 않는 이데아계를 모방해 존재한다고 합니다. 이것은 현실과 이상의 이원론적 세계관이라고 불립니다. 현실의 세계는 항상 이상의 세계를 모범으로 삼아 존재해야 한다는 발상입니다.

덧붙이자면, 플라톤의 이데아론을 이상주의라고 비판한 사람은 그의 제자 아리스토텔레스였습니다. 그는 **사물의 본질이 이상의 세계에 있는 것이 아니라, 현실 속에 있다고 주장했습니다.** 두 사람의 입장 차이는 라파엘로의 유명한 벽화 '아테네 학당'에서도 잘 묘사되었습니다. 이 작품에서 플라톤은 손가락으로 하늘을 가리키고 있고, 아리스토텔레스는 손바닥을 땅으로 향하고 있습니다.

나는 생각한다, 고로 존재한다

㉆ Cogito, ergo sum ㉋ 확실한 것은 내 의식뿐

"'**나는 생각한다. 고로 존재한다**'고 하잖아. 그럼 생각을 멈추면 우리는 사라지는 걸까?"

'나는 생각한다. 고로 존재한다'는 근대 프랑스 철학자 데카르트✦의 말입니다. '데카르트의 코기토'라고도 부릅니다. 당시에는 논문을 보통 라틴어로 썼지만, 데카르트는 자신의 논문을 일반인들도 널리 읽어 주기를 바랐기 때문에 프랑스어로 논문을 발표했습니다. 그 때문에 '나는 생각한다. 고로 존재한다'의 원문은 라틴어가 아닌 프랑스어 'Je pense, donc je suis'였습니다. 이 말은 데카르트 사상의 핵심을 표현한 것입니다. 그는 진리를 발견하기 위해 눈에 보이는 것은 물론이고, 꿈마저도 의심했습니다. 이런 사고법을 방법

✦ **르네 데카르트René Descartes, 1596~1650:** 프랑스의 철학자. 의심할 수 없는 것은 의식뿐이라는 뜻의 '나는 생각한다. 고로 존재한다'라는 말로 유명하다. 저서로는 《방법서설Discours de la Méthode》, 《정념론Les Passions de l'âme》 등이 있다.

적 회의methodical doubt라고 합니다.

그렇게 의심을 거듭한 끝에 마지막으로 남는 것은 의심하는 행위를 하는 자신의 의식뿐이었습니다. 자신의 존재조차 의심할 수는 있어도, 자신의 의식이 지금 그것을 의심하고 있다는 사실만은 도저히 의심할 수 없었습니다.

이처럼 더 이상 의심할 수 없는 자신의 의식이야말로 유일하고 확실한 존재였습니다. 그래서 데카르트는 **인간의 의식이 특별한 존재**라고 주장했습니다. 자신의 의식은 타고난 것이지, 외부에서 들어온 것이 아니라는 것입니다. 이것을 **생득관념**이라고 합니다. 데카르트는 생득관념으로 합리적 추론을 하면 외부에서 지식을 흡수할 필요 없이 모든 사물의 해답을 얻을 수 있다고 말했습니다.

이렇게 **자신의 의식이 만능이라고 생각한 데카르트의 사고는 자신이라는 주체를 중심으로 생각하는 근대 사상의 원점**이 되었습니다. 또한 그는 정신의식에 특권적인 지위를 부여하고, 정신 이외의 물체를 완전히 이질적인 존재로 구분했습니다. 여기에는 신체도 포함됩니다. 이렇게 의식과 나머지 물체를 구분하는 것을 심신이원론 또는 물심이원론이라고 부릅니다.

심신이원론

㊥ 心身二元論 ㊞ mind-body dualism

㊣ 마음과 몸이 별개라는 생각

"몸과 마음을 별개로 생각한다면, 슬플 때 눈물이 나는 것은 **심신이원론**적으로 어떻게 설명할 수 있을까?"

데카르트는 '나는 생각한다. 고로 존재한다'라고 말하며 의식만큼은 의심할 수 없는 부분이라고 결론지었습니다. 생각하는 '나'의 의식에 특권적인 지위를 부여한 것입니다. 하지만 이것이 꼭 좋은 일만은 아닙니다. 의식을 특권화함으로써 의식 이외의 부분을 별개의 존재로 분리했기 때문입니다. 이것이 악명 높은 '심신이원론'입니다. 다시 말해 심신이원론에서 **마음은 생각하는 부분이며, 몸을 포함한 마음 이외의 모든 사물은 마음의 연장에 불과합니다.** 이때 연장이란 기계적인 확대일 뿐입니다. 문제는 이렇게 이해하면 마음과 몸의 관계성을 설명할 수 없다는 점입니다.

'병은 마음에서부터', '스트레스는 만병의 근원', '건강한 신체에 건전한 정신이 깃든다' 와 같은 말처럼 상식적으로 생각해 보아도 **마음과 몸은 어떤 방식으로든 이어져 있습니다.** 과학적으로 생각해 봐도 마찬가지입니다. '슬플 때 눈물이 나는 이유는 무엇일까?'라는 질문에 어떻게 답해야 할까요? 몸과 마음이 다른 성질을 지닌 전혀 다른 존재라고 한다면, 이런 현상을 도대체 어떻게 설명할 수 있을까요?

데카르트는 뇌의 송과선松科腺이라는 부위에서 몸과 마음의 상호작용을 조절한다고 설명했습니다. 그러나 이것은 궁색한 변명입니다. 이후 철학자들은 이 문제를 둘러싸고 머리를 싸매야 했습니다.

아우라

원 Aura 뜻 다가서기 어려운 분위기

"이 그림에서는 신비한 **아우라**가 느껴져. 역시 예술 작품다워."

아우라는 원래 종교적 예배물인 불상이나 예수상 뒤에 그려 놓은 후광後光을 가리킵니다. 하지만 요즈음에는 "명품 배우의 아우라가 느껴진다."처럼 흔히 사용하는 말이 되었습니다. 예문에서도 알 수 있듯이 아우라는 쉽게 다가서기 어려운 분위기를 뜻합니다. 독일 철학자 벤야민✦은 아우라의 개념을 **'가깝고도 먼 어떤 것의 찰나적인 현상'**이라고 표현했습니다.

즉 예술은 예술로밖에 표현할 수 없는 찰나적인 사실이 있다는 점에서 의미가 있습니다. 그런데 벤야민은 복제 기

✦ **발터 벤야민**Walter Benjamin, 1892~1940: 독일의 문예비평가·사상가. 기술의 가능성과 예술의 수법을 연결 지어 논했다. 저서로는 《기술 복제 시대의 예술 작품Das Kunstwerk im Zeitalter seiner technischen Reproduzierbarkeit》, 《아케이드 프로젝트Das Passagen-Werk》 등이 있다.

술의 발전으로 그 의미가 변질되었다고 지적했습니다. 피카소의 그림은 피카소가 그렸기 때문에 의미가 있습니다. 피카소의 그림을 똑같이 베껴 그린 복제품은 특별한 가치가 없습니다. 그 이유는 간단합니다. 베껴 그린 그림에는 아무런 아우라도 없기 때문입니다. 하지만 벤야민에 의하면 복제품에는 아우라가 없는 대신 더 특별한 가치가 있습니다. 그 가치란 바로 **누구나 손에 넣고 즐길 수 있다는 의미의 대중화**입니다. 이는 원본이 가질 수 없는 복제품만의 유일한 장점입니다. 이처럼 복제품은 현대사회의 대중화에 크게 기여했습니다.

그런데 인간은 왜 아우라를 추구하는 것일까요? 그것은 찰나의 소중함 때문입니다. 찰나의 아우라를 두 번 다시 맛볼 수 없다는 사실은 우리에게 매 순간의 소중함을 일깨워줍니다. 이렇게 인간은 **아우라를 통해 삶을 절실히 실감할 수 있습니다.**

아가페

㉯ agapē ㉳ 무조건적인 사랑

"전 인류가 **아가페**를 실천한다면 전쟁은 사라질 것이다."

아가페는 기독교에서 말하는 '**무조건적인 사랑**'을 뜻합니다. 즉 신이 인간에게 주는 아낌없는 사랑입니다. 기독교에서 신은 부족함 없는 완벽한 존재이므로 아무것도 원하지 않습니다. 따라서 일방적으로 사랑을 베풀기만 하는 존재입니다.

가족애도 무조건적인 사랑이라고 할 수 있습니다. 자식에 대한 부모의 사랑에서도 볼 수 있듯이, 아무런 보상도 바라지 않고 자신을 희생하면서까지 사랑을 베풀기 때문입니다. 그런 의미에서 가족애를 아가페라고 할 수 있습니다.

그러나 **철학에서 말하는 사랑은 아가페만이 아닙니다.** 그리스어에는 사랑을 뜻하는 단어가 세 가지 있습니다. 그 중 하나가 아가페이고, 다른 하나는 플라톤이 주창한 **에로**

철학에서 말하는 세 가지 사랑

아가페	→	무조건적인 사랑
에로스	→	순애
필리아	→	우애

스이며, 마지막 하나는 아리스토텔레스가 주창한 **필리아**입니다. 따라서 철학에서 사랑이라는 말이 나오면 어느 사랑을 가리키는지 잘 살펴보아야 합니다.

아나키즘

㉠ anarchism ㉢ 모든 권력을 없애려는 입장

"정부가 필요 없다고? 그 생각은 마치 **아나키즘** 같군. 그런데 정부 없이 과연 사회가 성립할 수 있을지 의문이야."

아나키즘은 '무정부주의'로 번역합니다. 하지만 단순히 "정부 따위는 필요 없다."는 말이 아닙니다. **아나키즘은 모든 권력이나 강제적인 권위를 배제하고 개인의 완전한 자유를 추구하려는 데 주안점을 둡니다.** 그래서 초기에는 사회주의 사상과 겹치는 부분이 있었습니다.

예를 들어, 프랑스의 사회주의자 프루동Proudhon✦은 자의적인 지배가 오히려 질서를 파괴하고 자유를 해치므로 정부의 기능을 사회에 위임하고자 했습니다. 또한 러시아의 혁명가 바쿠닌Bakunin이나 크로폿킨Kropotkin은 이를 사회운

✦ **프루동**Pierre-Joseph Proudhon, 1809~1865: 프랑스의 철학자. 쁘띠 부르주아 사회주의자. 무정부주의의 선구자 중 한 사람. 화폐와 이자를 사회의 악으로 간주했다. 스트라이크를 반대하며 강제가 없는 자발적 계약에만 입각한 무정부주의를 주장했다.

동으로까지 격상시켰습니다. 일본의 무정부주의자로는 대역사건大逆事件(고토쿠 사건: 1910년 천황을 암살하려 했다는 죄목으로 26명의 사회주의자들이 사형당하거나 감옥에 갇힌 사건-역주)으로 처형된 고토쿠 슈스이幸德秋水가 유명합니다.

그는 사회주의자이기도 했습니다. 이러한 사회주의적 요소는 시간이 흐를수록 점차 자취를 감췄지만, 지금도 사회 체제에 반대하는 지식인이나 예술가들이 아나키즘을 표방합니다. 덧붙여 **무정부주의자는 아나키스트**anarchist, **무정부 상태는 아나키**anarchy**라고 합니다.**

아날로지

㉯ analogy ㉦ 유사한 관계 / 유추

"흔히 인생을 마라톤이나 등산에 비유하는 것은 **아날로지**야."

아날로지는 **서로 다른 두 가지 사항이 비슷한 관계에 있음**을 말합니다. 원래는 1:2=2:4 같은 수학의 비례관계를 나타내는 용어였습니다. 그러나 플라톤과 아리스토텔레스 이후의 철학에서는 더욱 넓은 의미로 사용되기 시작했습니다. 예컨대 플라톤은 '선장이 선원을 위해 명령하듯이 국가는 국민을 위해 명령한다'라는 식으로 아날로지를 사용했습니다. 그 후 철학계에서 아날로지는 신의 존재를 고찰하기 위해 자주 쓰였습니다. 다시 말해, **평범한 사고로는 이해하기 어려운 신과 같은 존재를 무언가 유사한 사물과 비교함으로써 쉽게 고찰하려 했던 것입니다.** 하지만 신과 유사한 사물은 좀처럼 찾을 수 없습니다. 그래서 결국 철학자들은 신이 모든 것을 초월한 유일한 존재라고 믿게 되었습니다.

이처럼 아날로지라는 것은 사물을 이해하기 위한 척도의 역할을 합니다. 그러나 주의해야 할 점은 그 이해가 어디까지나 **유추일 뿐 사실이 아니라는 것**입니다. 아날로지를 통해 비교되는 두 개의 사항은 단지 비슷할 따름입니다. '선장–선원'의 관계가 '국가–국민'의 관계와 아무리 비슷하다 해도 국가가 선장처럼 절대적인 명령을 내릴 수는 없기 때문입니다.

애니미즘

㉯ animism ㉤ 영적 존재에 대한 신앙

"세상 모든 것에 신이 깃들어 있다는 믿음은, **애니미즘**이라고 할 수 있다."

애니미즘이란 영적 존재에 대한 신앙으로, **무생물계에도 영혼이 있다고 믿는 세계관**입니다. 이 단어는 라틴어로 '혼'을 의미하는 'anima'에서 유래했습니다. 이는 영국의 인류학자 에드워드 타일러Edward Tylor가 원시종교의 특징을 설명하기 위해 사용했으며, 그에 의하면 원시종교는 영적 존재에 대한 신앙을 갖고 있다고 합니다.

애니미즘은 세상이 영혼으로 구성되어 있고, 인간의 몸 안에도 영혼이 깃들어 있다고 봅니다. 따라서 영혼이 몸을 떠나면 병에 걸리고, 종교의식을 통해 영혼을 다시 불러들이면 병이 낫습니다. 또한 영혼이 깃들어 있던 몸이 사라지면 죽음을 맞는다고 합니다.

철학서에서 원시종교나 범신론신이 온갖 곳에 깃들어 있다는 사상

을 언급할 때면 이 '애니미즘적'이라는 표현을 자주 사용합니다. 최근 자연 보호 의식이 높아지면서 애니미즘 개념을 환경 사상으로 재평가하려는 사람들도 있습니다.

에토스

원 ethos 뜻 습관으로 다져진 정신 / 한 사회를 특징짓는 기풍

"소극적이라고 비판하는 사람도 있겠지만, 신중함이야말로 한국인의 **에토스**가 아닐까 생각해."

에토스는 '습관'과 '습속'을 의미하는 그리스어입니다. 아리스토텔레스에 의하면, 인간의 덕에는 지성으로 다져지는 덕과 습관으로 다져지는 덕이 있다고 합니다. 지성으로 다져지는 덕은 학습을 통해 단련할 수 있지만, 습관으로 다져지는 덕은 단련하기 힘듭니다. 습관으로 다져지는 덕은 자신이 속한 사회 속에서 실천을 통해 자연스럽게 습득할 수 있기 때문입니다. 따라서 **에토스는 습관으로 다져지는 정신을 말합니다.** 그리고 당연히 그 정신은 **사회 전체를 특징짓는 기풍과 일치**합니다.

에토스라는 용어를 자주 사용한 사람으로는 독일의 사회학자 막스 베버*가 유명합니다. 베버는 프로테스탄트 윤리가 서양 사회에서 자본주의가 형성되는 데 큰 역할을 했다

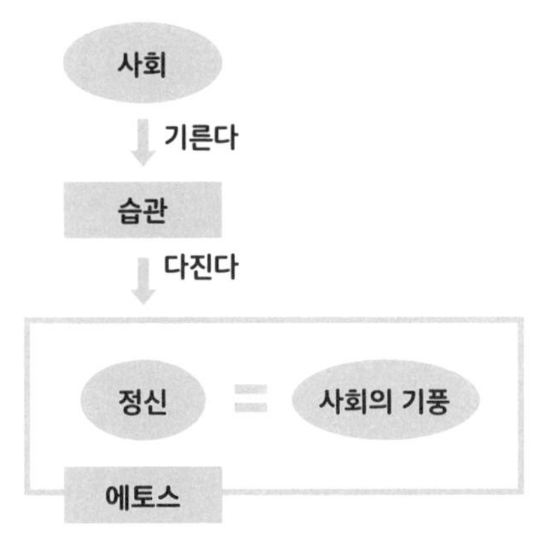

고 분석했습니다.

사회에서 금욕적으로 일하고, 부지런히 부를 축적하여 자본주의가 발달했다는 뜻입니다. 베버는 이런 프로테스탄트[++]의 태도를 에토스라고 불렀습니다. 이처럼 **에토스는 한 사회 안에서 반복되는 습관에 의해 다져지는 정신이자, 그 사회를 특징짓는 기풍**이라고 할 수 있습니다.

[+] **막스 베버**Max Weber, 1864~1920: 독일의 사회학자. 관료제 분석 등으로 유명하다. 근대 자본주의의 특징을 프로테스탄티즘과 관련된 종교적 생활 태도와 연관시켰다. 역사학자가 가지는 이론적 약점을 지적하고 극복하려고 노력한 인물이다. 저서로는 《프로테스탄트 윤리와 자본주의 정신Die protestantische Ethik und der Geist des Kapitalismus》, 《직업으로서의 정치Politik als Beruf》 등이 있다.

[++] **프로테스탄트**: 16세기 종교개혁 이후 로마 가톨릭에서 분리해 나온 기독교의 분파. '신교도' 또는 '개신교'라고도 한다.

스토아학파

㉯ Stoic School ㉰ 금욕으로 마음의 평안을 추구하려는 입장

"종교인들이 추구하는 금욕주의를 보면 **스토아학파**의 모습을 상상할 수 있어. 절제와 금욕으로 마음의 평화를 얻을 수 있다니 생각만 해도 놀라워."

스토아학파는 기원전 300년경 키프로스 출신의 제논✦이 창시한 철학 학파입니다. 광장에 있는 스토아 포이킬레stoa poikile('울긋불긋한 강당'이라는 뜻)에서 강의했기 때문에 스토아학파로 불리게 되었습니다. **스토아학파의 철학은 금욕주의와 엄격한 윤리였습니다.** 구체적으로는 자연학, 논리학, 윤리학으로 나뉩니다.

자연학에서는 자연이 모든 것을 결정짓는다고 생각하며, 우주의 모든 사건을 필연으로 받아들였습니다. 우연은 존재하지 않는다는 말입니다. 논리학에서는 인식에 관해 다

✦ **제논**Zenon, BC335?~BC263?: 키프로스 출신의 철학자. 금욕을 지향하는 스토아학파의 창시자. 자연과 일치된 삶을 목표로 했으며 윤리학을 강조했다. 저서로는 《국가Republic》 등이 있다.

루었습니다. 인간은 경험을 통해 인상을 품는데, 이 인상이 확실한 지식이 될 때 비로소 잘못된 판단을 내리지 않는다고 주장했습니다. 그리고 윤리학에서는 덕을 획득하여 어떤 정념에도 흔들리지 않는 **아파테이아**apatheia의 경지에 이르는 것을 목표로 삼았습니다. 다시 말해, 스토아학파가 지향하는 이상理想은 아파테이아라는 안정된 경지였습니다. 덧붙여 '금욕적'을 뜻하는 'Stoic'이라는 단어는 이 스토아학파의 철학에서 유래했습니다.

에피쿠로스학파

㉯ Epicurean School

㉯ 쾌락으로 마음의 평안을 추구하려는 입장

"일상에서도 마음의 평화를 추구하다니 마치 네 모습은 **에피쿠로스학파**를 보여 주는 것 같아."

에피쿠로스학파는 고대 그리스의 철학자 에피쿠로스✦를 시조로 삼는 철학 학파입니다. 에피쿠로스는 아테네에 '정원kepos'이라고 불리는 학원을 세우고, 그곳에서 제자나 동료와 함께 공동생활을 했습니다. 그들의 철학은 쾌락을 행복으로 삼고 추구하는 쾌락주의였습니다.

에피쿠로스학파는 단순히 향락을 즐기는 것이 아니라, **어디까지나 마음의 평안인 아타락시아를 목표로 삼았습니다.** 아타락시아는 '신체에 고통이 없고, 영혼에 동요가 없는 상태'로, 구체적으로는 규준론, 자연학, 윤리학으로 나뉩니

✦ **에피쿠로스**Epicurus, BC341~BC270: 고대 그리스의 철학자 쾌락을 긍정하는 에피쿠로스학파의 창시자. 부녀자와 노비에게도 학원을 개방하였고, 공동체 생활을 통해 아타락시아 실현을 추구하였다.

다. 규준론은 인식에 관한 이론입니다. 규준론에 따르면 **아타락시아를 위해서는 영혼을 동요시키는 억측을 피하고 안정된 지식을 얻어야 합니다.**

자연학에서는 **물체가 원자로 구성되어 있다고 주장**했습니다. 자연재해를 물리적으로 설명함으로써 영혼이 품는 공포를 제거하기 위함이었습니다. 그리고 윤리학에서는 **쾌락을 선으로, 고통을 악으로 규정**했습니다. 그렇기 때문에 에피쿠로스학파는 '악'인 고통을 회피해야 한다고 주장합니다. 즉 모든 학문에서 마음의 평안을 얻는 방법을 추구한 셈입니다.

에피쿠로스학파는 쾌락을 행복으로 여겼다는 점에서 금욕주의적 입장을 취하는 스토아학파로부터 비난받았습니다. **하지만 마음의 평안을 추구한다는 점에서는 양쪽이 지향하는 바가 같다고 할 수 있습니다.** 덧붙여, 쾌락주의자를 뜻하는 'epicurean'은 에피쿠로스학파에서 유래했습니다.

영원회귀

㉠ 永遠回歸 ㉡ 똑같은 일이 영원히 반복되는 고통

"우리의 삶이 **영원회귀**라 할지라도 피할 수 없다면 즐겨야 한다."

영원회귀란 **세상은 영원히 반복되는 무의미한 원운동에 불과하다는 뜻**입니다. 영겁회귀永劫回歸라고도 합니다.

니체에 의하면, 인간이 번민하는 이유는 인생의 의미를 너무 추구하려 들기 때문입니다. 그러나 이 세상에 절대적인 가치 따위는 없습니다. 그래서 그는 **희로애락을 그대로 받아들이고 그 순간을 충실하게 살아야 자유와 구원이 찾아온다고 주장**했습니다. 유럽 사회를 지배한 기독교가 내세우는 가치도 결코 절대적이지 않습니다. 고대 그리스 이후의 철학이 제시한 가치도 마찬가지입니다. 이처럼 세상에 의미 따위는 없다고 말하는 것이 니힐리즘 사상입니다.

인간은 끊임없이 새로운 가치를 찾으려고 하지만, 어떤 가치를 찾으려 한들 결과는 똑같습니다. 결국 아무것도 변하지 않지요. 중요한 것은 '세상에 가치 따위는 없다'는 것, 그리고 '인생에 의미 따위는 없다'라는 사실을 깨닫고 인정하는 일입니다.

세상에서는 똑같은 일이 영원히 반복되고 있습니다. 이것이 니체가 말한 영원회귀입니다. 다시 태어난다 해도 똑같습니다. **같은 일이 영원히 반복될 뿐입니다.** 이런 생각은 전생의 업이 후생에 영향을 끼친다는 불교의 윤회 사상이나, 내세에 구원받는다는 기독교의 구원 사상과는 근본적으로 다릅니다. 그런 점에서 영원회귀는 획기적인 사상이라고 할 수 있습니다. 어떻게 살든 결국에는 똑같은 고통을 느낄 뿐이라면 이보다 더한 괴로움도 없을 것입니다. **하지만 오히려 그 상태를 그대로 받아들인다면 초연하고 강하게 살아갈 수 있습니다.** 여기에서 니체의 초인 사상이 등장했습니다.

사회계약설

㉻ 社會契約說 ㉾ theory of social contract

㉸ 국민이 국가와 계약을 맺어 국가를 지배한다는 이론

"국가를 세운 주체가 국민 개개인이라는 발상은 **사회계약설**을 바탕으로 한다."

사회계약설은 **왕의 절대 권력을 부정하고, 국민이 국가와의 계약을 토대로 직접 국가를 다스릴 수 있게 하자는 이론**입니다. 절대왕정 시대에는 왕이 신에게서 국가 지배권을 부여받았다는 왕권신수설divine right of kings이 유행했습니다. 이 왕권신수설에 대항하기 위한 이론이 사회계약설입니다.

사회계약설에도 몇 가지 종류가 있습니다. 영국 철학자 홉스✦의 사회계약설은 **국민의 자연권, 즉 인간이 태어날 때부터 지닌 권리를 왕에게 온전히 양도하는 것**입니다. 결국

✦ **토머스 홉스**Thomas Hobbes, 1588~1679: 영국의 철학자. 만인의 투쟁을 피하기 위해 왕에게 권리를 양도한다는 사회계약설을 주장했다. 국가는 무질서에서 벗어나기 위해 계약을 바탕으로 이루어졌다는 국가계약설을 이야기했다. 저서로는 《리바이어던Leviathan》, 《인간De Homine》 등이 있다.

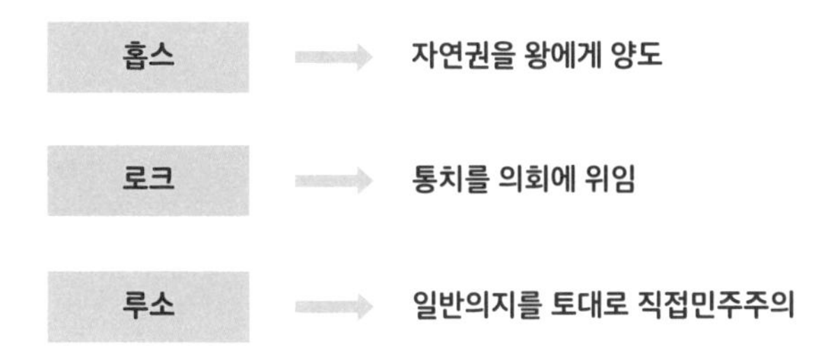

왕이 지배한다는 사실에는 아무런 변화가 없습니다. 영국 철학자 로크의 사회계약설은 **통치를 의회에 위임하여 국민이 저항권을 가진다고 말합니다.** 다만, 국민은 의회를 통해 간접적으로 사회를 지배하는 데 그칩니다. 이에 비해 프랑스 계몽사상가 루소의 사회계약설은 **국민이 직접 국가를 지배하는 직접민주주의**를 주장했습니다. **'일반의지'** 개념이 이를 뒷받침합니다. 루소는 일반의지를 바탕으로 모든 사람이 함께 사회를 지배할 수 있다고 생각했습니다. 루소의 《사회계약론Du Contrat Social》은 당시 유럽에서 사회를 뒤엎을 만한 위험한 사상으로 간주되어 박해를 받았습니다. 실제로 이 책은 프랑스 혁명의 경전이 되기도 했습니다.

일반의지

㊥ 一般意志 ㊵ general will ㊦ 모두의 의지

"국민이 무엇을 바라는지 파악하기는 쉽지 않겠지만, 대다수가 원하는 것을 국민의 **일반의지**로 받아들이는 편이 좋지 않을까?"

일반의지란 루소✦의 개념이며, **국민이 계약을 토대로 국가를 다스리기 위해 필요한 국민 공통의 의지**를 말합니다. 루소는 계약을 통해 모든 사람의 의지를 확인하고 그 의지에 복종함으로써 국가를 만들 수 있다고 생각했습니다. 그렇게만 된다면 **'개개인은 모든 사람과 결합하면서도 자기 자신에게만 복종하여 이전과 똑같은 자유를 누릴 수 있다'**는 것이었습니다. 모든 사람이 모든 사람에게 복종한다는 것은 자신이 자신에게만 복종한다는 뜻입니다. 따라서 개인의 자유도 지킬 수 있다는 말이었습니다.

✦ **장 자크 루소**Jean-Jacques Rousseau, 1712~1778: 프랑스의 철학자. 일반의지를 토대로 사회계약설을 주장했다. 교육론으로도 유명하다. 저서로는 《사회계약론Du Contrat Social》, 《에밀Émile, ou De l'éducation》 등이 있다.

여기에서 말하는 모든 사람의 의지가 바로 '일반의지'입니다. 헷갈리지 말아야 할 점은 일반의지가 전체의지will of all와는 다르다는 것입니다. **전체의지는 개인의 특수의지particular will를 단순히 합한 것에 불과합니다.** 하지만 특수의지를 아무리 합한다고 해도 일반의지는 될 수 없습니다. **일반의지는 공통된 이익이며, 모든 사람에게 합당하다는 성질을 띱니다.** 일반의지는 '전체의지에서 서로 가장 많이 대립·부정하는 특수의지와 가장 적게 대립·부정하는 특수의지를 제외하고 남은 부분을 총합한 것'입니다. 이러한 일반의지를 발견하려면 충분한 논의가 필요합니다. 그래서 루소는 모든 사람이 논의하고 모든 사람이 국가를 통치하는 직접민주제를 이상으로 삼았습니다. 따라서 **국가의 규모는 필연적으로 작아져야 한다**고 주장했습니다. 이러한 내용을 지닌 루소의 일반의지 개념이 전체주의를 야기했다는 비판도 있습니다. 모든 사람이 똑같은 의지를 갖도록 요구하는 순간 자유가 사라진다는 것입니다. 그러나 이것은 잘못된 비판입니다. 왜냐하면 루소는 어디까지나 자유를 추구했기 때문입니다.

페르소나

㉯ persona ㉫ 또 하나의 얼굴

"너는 평소에 착한 사람의 **페르소나**를 쓰고 있을 뿐이지 않니?"

라틴어 'persona'는 영어의 'person'에 해당하며, **인격이나 개성**을 뜻합니다. 또 다른 뜻으로는 그리스 어원의 '가면'이라는 의미가 있습니다. 이것은 근대에 들어서 개인의 주체성이나 인권을 중시하는 사상과 맞물리며 확립된 개념입니다. 즉, 근대사회는 기독교가 모든 것을 지배하는 중세 시대와 달리 개인의 존재를 중시하는 시대입니다. 또한 페르소나는 인간이 마치 가면을 쓴 것처럼 **대외적으로 여러 인격을 구분해 사용하는 모습을 형용하는 심리학 용어**이기도 합니다. 이른바 인간이 지닌 또 다른 얼굴이지요. 이 용어는 융✦이 최초로 사용했습니다.

한편, 페르소나는 기독교의 삼위일체론에서도 쓰입니다. 삼위일체론은 유일신이 성부, 성자, 성령이라는 세 가지 존재 양식을 지닌다는 내용입니다. **신은 하나의 본질이므로 성부, 성자, 성령이 같은 실체이지만, 신의 인격인 위격**페르소나**은 세 가지 형태로 나타난다는** 의미입니다.

✦ **칼 구스타프 융**Carl Gustav Jung, 1875~1961: 스위스의 심리학자. 집단 무의식의 존재를 밝혀냈다. 저서로는 《심리학적 유형Psychologische Typen》, 《심리학과 연금술Psychologie und Alchemie》 등이 있다.

소외

㉻ 疏外 ㉾ alienation ㊌ 배제됨

"파견 노동자를 물건처럼 쓰다 버리는 현상은 인간 **소외**라고 할 수 있지 않을까? 이 상태라면 언제 혁명이 일어나도 이상하지 않아."

소외란 소외된 상태, 배제되는 현상을 말합니다. 많은 철학자가 사용하는 말이지만, 그중에서도 마르크스의 용법이 가장 많이 쓰입니다.

마르크스에 의하면, 노동자는 임금을 받지만 **생산한 상품 자체가 자본가의 것이 되므로 상품에서 배제**됩니다. 이는 **상품의 소외**라 할 수 있습니다. 그리고 노동 자체도 **단순히 자본가의 명령대로 분담되므로 노동자는 노동에서도 배제**됩니다. 이는 **노동의 소외**입니다. 게다가 노동자는 다른 노동자와 경쟁해야 하고 그 경쟁에서 이겨야 높은 임금을 받을 수 있습니다. 이는 인간의 능력이 인간 자체가 아니라 화폐가치로 평가받는다는 의미입니다. 따라서 **인간은 인간 사이에서도 배제**됩니다. 이는 **인간의 소외**입니다.

마르크스의 주장에 따르면 노동자는 자신이 단지 톱니바퀴의 부속품이라고 느낄 수밖에 없습니다. 사회를 움직이기 위한 부품으로 오로지 일만 하는 것입니다. 이 상황을 타파하기 위해서는 그런 소외 상태를 극복하고 새로운 사회를 구축하는 수밖에 없습니다. 이를 바탕으로 마르크스는 혁명을 일으켜서 **생산수단을 노동자 모두가 공유**해야 한다고 주장했습니다. 그리고 **생산한 물건을 모두가 똑같이 나눠 갖는 경제 시스템을 도입**해야 한다고 말했습니다. 이것이 사회주의 사상입니다. 즉 소외의 개념은 사회주의 사상의 모티브라 할 수 있습니다.

궤변

㉾ 詭辯 ㉯ sophism ㉳ 억지 논리

"그만 억지 부려. 그런 뻔한 **궤변**으로는 날 설득할 수는 없어."

궤변은 **언뜻 타당해 보이지만 실제로는 올바르지 않은 논리**를 말합니다. 상대방을 논박하기 위해서 이용하는 변론술인 셈입니다. 사실 궤변은 억지 논리에 불과합니다. 소크라테스는 궤변으로 상대방을 논박하는 소피스트들을 강하게 비난했습니다. 소크라테스의 제자인 플라톤과 아리스토텔레스 역시 궤변을 비판했습니다. 특히, 아리스토텔레스는 궤변을 그럴싸한 지식을 이용한 돈벌이라고 비난하기까지 했지요. 궤변은 **'단순한 말장난'**과 **'논리의 남용'**으로 분류할 수 있습니다.

예를 들어, 논리의 남용으로 유명한 것은 **'논점 이탈'**입니다. 논점 이탈은 **논하고 있는 내용과 다른 논점을 끌어들여 이야기를 왜곡하는 것**입니다. 잘못을 사과하라고 요구했을

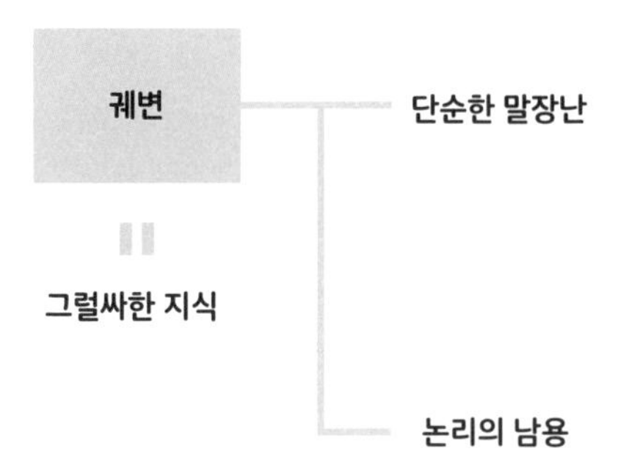

때 상대방이 "사과로 끝날 일이면 경찰이 무슨 필요냐?"라고 되받아치는 경우가 이에 해당합니다. 이런 대답은 언뜻 타당해 보이지만 엉뚱한 이야기라는 점은 누가 봐도 명확합니다.

오이디푸스 콤플렉스

㉯ Oedipus complex ㉫ 유아기의 심리적 갈등

"그 나이가 되도록 아버지에게서 위압감을 느낀다니, 넌 **오이디푸스 콤플렉스**를 극복하지 못한 거 아냐?"

오이디푸스 콤플렉스는 **아들이 아버지를 대신해서 어머니와 성적 관계를 맺으려고 하는 무의식적 욕망**을 가리킵니다. 유아기에 남자아이가 품는 심리적 갈등 중의 하나입니다. 이것은 프로이트 정신분석학의 주요 개념인데, 아버지를 살해하고 어머니를 취한 오이디푸스 왕의 신화에서 유래되었습니다.

남자아이는 쉽게 식욕을 채울 수는 있어도, 아버지 때문에 어머니에 대한 독점욕을 채우기는 힘듭니다. 만일 남자아이가 어머니를 자신의 것으로 만들려고 한다면 아버지에 의해 남근이 잘릴 것이라는 공포에 사로잡힙니다. 그 때문에 남자아이는 아버지 앞에서 착하게 보이려고 노력합니다. 이렇게 해서 규범의식이 형성되지요.

그런데 들뢰즈✦와 가타리Guattari가 쓴 《안티 오이디푸스L'Anti-Oedipe》라는 책에서는 오이디푸스 콤플렉스를 비판합니다. 욕망은 프로이트의 말마따나 마음속에 선천적으로 갖춰지는 것이 아니고, **사회적으로 형성**된다고 주장하지요. 덧붙여, 융은 **여자아이가 아버지에게 독점욕을 품고 어머니에게 대항 의식을 갖는 경우를 '엘렉트라 콤플렉스Electra complex'라고 칭했습니다.**

✦ **질 들뢰즈**Gilles Deleuze, 1925~1995: 프랑스의 현대 사상가. 포스트구조주의로 분류된다. 경험론과 관념론적 사고의 기초 형태를 비판적으로 해명했다. 저서로는 《차이와 반복Différence et Répétition》, 《안티 오이디푸스L'Anti-Oedipe》 등이 있다.

승화

㉻ 昇華 ㉾ sublimation ㉿ 욕구를 다른 대상으로 돌리기

"이성에 대한 호기심을 시험공부로 **승화**시키는 데 성공했다."

승화란 고체에서 기체로 변하는 것을 뜻하는 화학 용어입니다. 철학적 의미로는 **'본능적 욕구'를 '다른 대상'으로 돌리는 것**을 말합니다. 마음이 '본능적 욕구'에서 '이성적 표출'로 변화하는 것을 고체가 기체로 변화하는 현상인 승화로 비유한 것입니다. 화나고 짜증 나는 마음을 명상으로 승화시키거나, 스트레스를 폭식이 아닌 운동으로 승화시키는 것이 이에 해당합니다.

승화는 프로이트의 정신분석학 개념의 하나로 자주 쓰입니다. **프로이트에 의하면, 욕구를 다른 행동으로 전환함으로써 마음의 억압이 해소된다고 합니다.** 예를 들어, 성적 욕망이 예술의 형태로 나타나는 경우도 있습니다. 많은 예술가들이 성적 욕망을 외설이 아닌 예술로 승화시키며 본능

적 욕구를 이성적으로 표출했습니다. 프로이트는 **인간의 마음속에 마음의 억압을 해소하기 위한 장치**가 갖춰져 있다고 주장하며, 이 장치를 **방어기제**defense mechanism라 불렀습니다. 이처럼 승화는 인간이 자신을 방어하기 위해 활용하는 방어기제의 일종입니다.

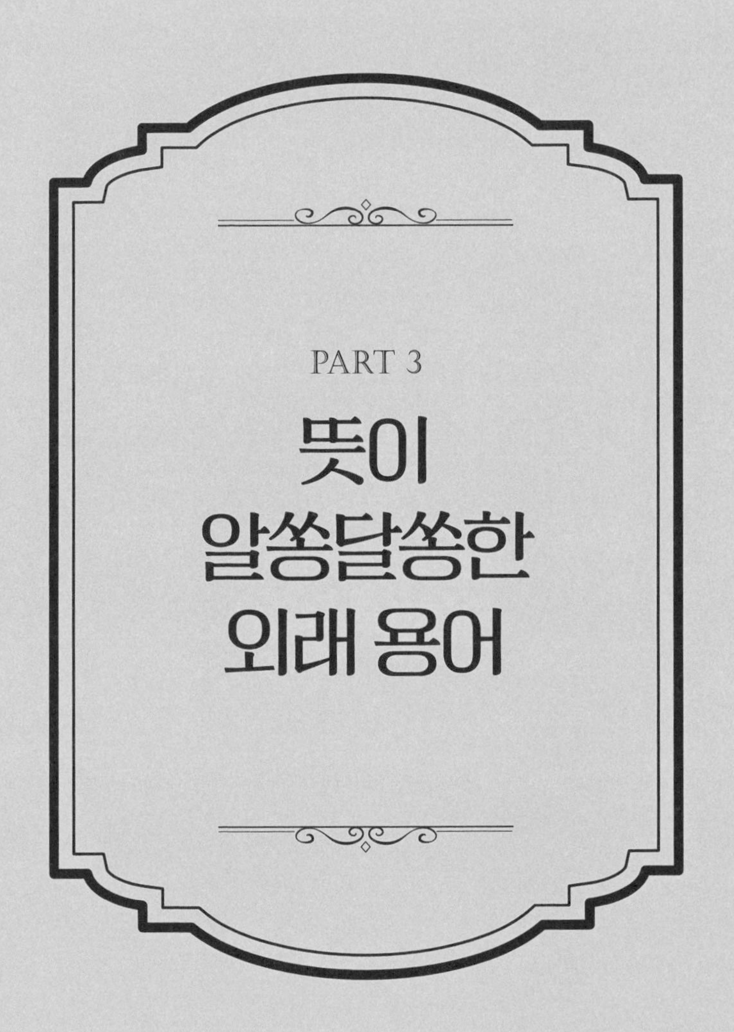

PART 3

뜻이 알쏭달쏭한 외래 용어

아타락시아

㉯ ataraxia ㊫ 마음이 안정된 상태

"오늘은 아무 일도 일어나지 않은 평온하고 행복한 하루였어. 마치 **아타락시아** 속에서 시간을 보낸 것 같아."

쾌락을 행복이라고 생각한 고대 그리스의 에피쿠로스학파와, 에피쿠로스학파의 독단적인 태도에 의구심을 품은 회의주의자가 공통적으로 내세운 철학의 목적이 있습니다. 바로 아타락시아입니다. 둘 모두 **공포에서 벗어나거나 해방되면 이것을 느낄 수 있다고 주장**했습니다.

아타락시아는 **영혼이 흐트러지지 않은 평온한 상태**를 가리킵니다. 에피쿠로스학파는 에피쿠로스를 창시자로 하는 철학 학파로, 쾌락이 곧 행복이라고 생각했습니다. 다만, 여기에서 말하는 쾌락은 식욕이나 성욕 같은 본능적 욕망이 아니었습니다. 신체에 고통이 없고 영혼에 동요가 없는 안정된 상태를 가리켰지요.

어떻게 하면 이런 상태에 이를 수 있을까요? 그 방법은 마음을 동요시키는 편견을 버리는 것입니다. 인간은 항상 죽음을 두려워하는 존재입니다. 죽음의 공포에서 벗어나기 위해서는 논리적인 사고로 불안을 해소할 수밖에 없습니다. 그러니 **이성적인 사고야말로 아타락시아의 경지에 이르는 왕도**라고 할 수 있습니다.

덧붙여, 이와 비슷한 개념으로 **아파테이아**apatheia가 있습니다. 아파테이아는 스토아학파가 이상으로 삼는 경지이며, 이른바 마음의 동요가 없는 상태를 뜻합니다. 제논이 창시한 철학 학파, 스토아학파는 이성으로 감정을 억제하는 금욕주의의 입장을 취했습니다. 이처럼 스토아학파 역시 **감정과 욕망으로 마음이 흐트러지는 상태를 지양**했습니다.

어포던스

㉯ affordance ㉰ 지각이 행동을 위한 정보를 제공하는 것

"이 빨간 버튼은 정말 누르고 싶어지게 만드네. 이런 게 바로 **어포던스**지."

'affordance'는 특정 행동을 유도한다는 뜻의 '행동 유도성'이라고 번역합니다. '제공'이라는 의미를 가지고 있으며, 미국의 지각심리학자 깁슨✦이 사용한 개념입니다. 먼저 그 예를 살펴볼까요?

어포던스는 일상 속에 널리 퍼져 있습니다. 예를 들어, 모양만 봐도 밀어야 할지 당겨야 할지 금방 알 수 있는 문손잡이는 어포던스입니다. 손잡이가 납작해서 잡을 곳이 없다면 문을 밀 수밖에 없지요. 반대로 문손잡이가 튀어나와서 잡을 수 있다면 무의식중에 문을 당기게 됩니다. 이처럼 지

✦ **제임스 제롬 깁슨**James Jerome Gibson, 1904~1979: 미국의 지각심리학자. 어포던스 개념을 주창했다. 저서로는 《생태학적 시지각론The Ecological Approach to Visual Perception》, 《직접지각론A Theory of Direct Visual Perception》 등이 있다.

각하는 것만으로 어떤 행동을 취해야 좋을지 금방 알 수 있거나, 혹은 무의식중에 그런 행동을 하게 만드는 것이 어포던스의 기능입니다.

깁슨에 의하면, **지각이란 어떤 일정한 환경 속에서 인간이 어떻게 행동할지, 어떤 행동이 바람직한지에 관한 정보를 파악하는 일**입니다. 보통 우리는 지각이 단순한 자극일 뿐 반드시 행동을 위한 정보를 제공한다고 여기지는 않습니다. 그런 점에서 어포던스는 기존의 전통적인 지각관과 차이가 있습니다. 이런 깁슨의 지각관을 토대로 하면, **생물은 주위 환경에 적응하는 것을 목적으로 지각한다**고 할 수 있습니다. 이런 개념을 생태학적 접근이라고 부릅니다. 이처럼 어포던스는 지각이 행동을 위한 정보를 제공한다는 뜻으로 해석됩니다.

아프리오리/아포스테리오리

㉾ a priori / a posteriori ㉿ 경험 없이 / 경험을 토대로

"무엇이든 **아프리오리**로 답을 내리는 건 설득력이 떨어져. 반대로 **아포스테리오리**는 납득하기 쉽지."

아프리오리, 아포스테리오리는 둘 다 칸트의 용어입니다. **아프리오리란 아무런 전제 없이 그 자체로 사물을 설명할 수 있다는 의미입니다.** 이에 반해 **아포스테리오리는 경험을 바탕으로 사물을 이해하고 설명합니다.** 대개 사물은 경험이 있어야 비교적 쉽게 이해할 수 있습니다. 이 때문에 아포스테리오리 쪽이 더 납득하기 쉽고, 설득력 있습니다.

하지만 칸트에 의하면 경험 없이도 설명할 수 있는 것이 있습니다. 예를 들어, 계산식은 경험에서 유래하는 것이 아닙니다. 1+1=2가 자명하기 때문입니다. **이것이 자명함을 알아차릴 수 있는 이유는 이른바 인간의 타고난 능력, 다시 말해 선천적인 능력 때문입니다.** 이 능력은 사물을 이해하기 위한 머릿속의 척도라고 이해할 수 있습니다. 칸트는 그

척도를 두 종류로 나누었습니다.

첫째, **시간과 공간**이라는 척도입니다. 우리는 사물을 이해할 때 '언제, 어디서'처럼 일단 시간적 위상과 공간적 위상을 확정하려고 합니다. 둘째, **'카테고리'라고 불리는 논리 법칙의 일람표**입니다. 이는 'A라면 B다'라는 식의 논리적 사고를 말합니다. 이처럼 칸트는 아프리오리와 아포스테리오리의 개념을 이용해서 우리가 사물을 이해할 때의 메커니즘을 밝혔습니다.

아포리아

원 Aporia 뜻 영원히 답이 나오지 않는 어려운 문제

"이렇게 해도 안 되고 저렇게 해도 안 돼. 정말 이 문제는 풀리지 않는 **아포리아**같아."

아포리아는 **일반적으로 해결이 불가능한 문제**를 가리킵니다. 문자 그대로 해석하면 **'막다른 길', '통로가 없음'**이라는 의미입니다. 소크라테스가 대화의 상대방에게 대답하기 힘든 질문을 던져서 스스로 무지를 깨닫게 하는 문답법에서 유래했습니다.

예를 들어, "지구는 어떤 모양인가?"라는 질문에 "공 모양이다."라고 대답하는 사람이 있다면 "그럼 우리는 어떻게 공 모양 위에 서 있는가?"라고 다시 질문하는 것입니다. 즉 **상반되는 두 가지 추론이 함께 성립하는 상황**을 가리키는 것이지요.

아리스토텔레스도 아포리아를 **'상반되는 추론의 대등성'**이라고 정의했습니다. 이 또한 동시에 성립하는 두 가지 논

리를 말합니다. 가령 인간은 태어난 이상 살아갈 수밖에 없습니다. 그러나 동시에 태어난 순간부터 죽음을 향해 나아가고 있습니다. **살아가기도, 죽어가기도 하는 인간의 인생이란 상반된 두 가지 논리가 동시에 존재하는 아포리아라 하지 않을 수 없지요.** 그런 의미에서 아포리아란 영원히 답이 나오지 않는 어려운 문제입니다. 생각해 보면, 앞서 말한 인생에 대한 물음을 포함한 철학적 물음은 대부분 쉽게 답이 나오지 않습니다. '자유란 무엇인가?', '사랑이란 무엇인가?'처럼 말입니다. 하지만 우리는 그런 물음의 답을 끊임없이 추구합니다. 따라서 아포리아는 단순히 절대 풀 수 없는 난제라기보다는 **영원히 연구해야 할 이상**理想이라고 할 수 있습니다.

알레고리

㉧ allegory ㉦ 풍유

"때론 직접적인 말보다 **알레고리**로 표현하는 것이 의도하는 바를 더 잘 전달할 수 있지."

알레고리를 한마디로 정의하면 '풍유'를 뜻합니다. 문학에서는 '우의寓意'라고도 하지요. 그리스어로는 '다른 말을 이용한다'라는 의미가 있습니다. 알레고리를 사용하는 이유는 **의도적으로 다른 표현을 사용함으로써 알려 주고 싶은 바를 더 깊이 전달할 수 있기 때문**입니다. 이는 메타포와 비슷한 개념입니다.

예를 들어 "그 사람은 머리가 텅 비었어."라는 말보다 "그 사람은 머리가 피망이야."라고 표현하는 편이 더욱 잘 와닿고, 하고 싶은 말도 더욱 솔직하게 전달할 수 있습니다. 표현이 생생해지지요. 이런 이유 때문에 문학에서는 알레고리가 더 자주 사용됩니다. 아울러, **문장 속에 숨겨진 의미를 찾아내는 일을 알레고리적 해석**이라고 합니다.

철학은 평범한 말 속에 숨겨진 본질을 찾아내는 작업이므로 알레고리적 해석이 상당히 요구되는 학문이라고 할 수 있습니다.

앙가주망

㉯ engagement ㉦ 적극적인 사회참여

"제약이 있다고 한탄만 하면 아무것도 안 돼. 그 제약을 **앙가주망**으로 자유를 실현하는 것이 이상적인 삶이라고 할 수 있지."

앙가주망은 사르트르의 용어로 **적극적인 사회참여**를 의미합니다. 'engagement'이라고 쓰지만 프랑스어이기 때문에 '앙가주망'이라고 읽습니다. 영어로는 'commitment'라고 번역합니다.

사르트르는 전쟁을 경험했던 사람입니다. 그 경험이 사상에도 많은 영향을 미쳤습니다. 그는 한때 징집되어 전투를 치렀으며, 피할 수 없는 구속 안에서 결국 자유란 주어진 '상황' 속에서만 얻을 수 있다는 사실을 깨달았습니다. 주어진 상황 속에서 자유를 실현하려면 어떻게 해야 할까요? **피할 수 없다면 그곳에 뛰어들 수밖에 없겠지요.** 이것이 사르트르가 찾아낸 답입니다.

그것은 자신의 의지만으로는 어찌할 도리가 없는 객관적

사태를 어쩔 수 없이 포기하는 소극적인 태도와는 180도 다릅니다. **오히려 적극적인 사회참여로 객관적 사태마저 바꿀 수 있다는 전향적인 태도입니다.** 이런 사르트르의 실존주의는 자기 행동을 통해 사회혁명을 실현하는 이론으로 정립되었습니다. 실제로 사르트르는 베트남 반전운동이나 알제리 독립운동에 참여하는 등 앙가주망을 직접 실천했습니다. 이것이 바로 실존주의적인 자유 실현 방법입니다.

안티노미

㉯ antinomy ㉮ 어느 쪽이든 성립함

"곤란하군. 어떤 논리로도 성립하니. 완전히 **안티노미**네."

안티노미는 이율배반二律背反으로 번역하는 경우가 많습니다. 이는 매우 어려운 표현인데요. **같은 근거의 두 가지 상반된 논리가 동시에 성립하는 상황**을 가리킵니다. 그런 의미에서 아포리아와 유사합니다. 안티노미는 칸트의 개념이 가장 널리 알려져 있습니다. 이데아를 인식하려고 한다면 이성은 자기모순에 빠질 것이라고 주장하며, 칸트는 다음의 네 가지 안티노미를 제안했습니다.

첫째, 이 세상은 유한하다고도, 무한하다고도 말할 수 있는 점.

둘째, 세상은 단순한 요소로도, 복잡한 요소로도 이루어졌다고 말할 수 있는 점.

셋째, 세상은 자유롭게 이루어졌다고도, 필연으로 이루어졌다고도 말할 수 있는 점.

넷째, 세상은 절대적인 누군가가 창조했다고도, 완전히 우연으로 만들어졌다고도 말할 수 있는 점.

왜 이런 안티노미가 발생할까요? 그 이유는 칸트 자신이 세상을 두 가지 다른 시점으로 바라보았기 때문입니다. 그는 세상이 **눈앞에서 전개되는 '현상'**과 별도로 존재하는 사물의 본질인 **'물자체物自體'**로 구분할 수 있다고 말했습니다. 따라서 단순히 현상만 보는 경우와 사물의 본질에 주목하는 경우, 같은 것에서도 완전히 다른 의미를 찾을 수 있습니다. 그런 의미에서 안티노미는 반드시 모순을 포함한다기보다는, **한 가지 사항의 두 가지 측면을 표현**한다고도 할 수 있습니다.

이돌라

㉪ idola ㉫ 무턱대고 믿음

"평소와 다른 시점으로 사물을 보고 싶은데, **이돌라**가 방해하네."

이돌라는 베이컨✦의 용어로 **'우상偶像'**을 뜻하며 **편견**이나 **선입관**을 의미하기도 합니다. 즉 '무턱대고 믿는다'는 뜻입니다. 진리를 파악하기 위해서는 편견을 배제해야 합니다. 베이컨은 그 편견을 '이돌라'로 칭하고 다음의 네 가지로 분류합니다.

첫째, '종족의 이돌라'입니다. 이것은 인간이라는 종족 고유의 이돌라로, 감정이나 감각으로 지성이 혼란스러워지면서 생겨납니다. 인간은 자신이 주장하는 입장을 고집하고, 그 입장으로만 사물을 판단하기 쉽습니다.

✦ **프랜시스 베이컨**Francis Bacon, 1561~1626: 영국의 철학자, 정치인, 영국경험론의 창시자. 지식으로 자연을 극복하자고 주장했다. 우상을 배제한 인식의 전환을 이야기했고, 근본 원리를 찾아내는 방법으로 '귀납법'을 주장했다. 저서로는 《수상록The Essays or Counsels, Civil and Moral》, 《노붐 오르가눔Novum Organum》 등이 있다.

둘째, '동굴의 이돌라'입니다. 이것은 마치 좁은 동굴에 갇혀 있는 것처럼 개인의 편협한 지식이나 환경 탓에 생기는 선입관입니다. 교육 수준, 영향을 준 인물, 읽은 책 등으로 인해 좁은 생각에 갇혀 버리는 것입니다.

셋째, '시장의 이돌라'입니다. 이것은 언어에 의해 생겨나는 편견입니다. 장터에서 들은 소문을 그대로 믿어 버리듯 사람은 언어의 힘에 약한 법이지요. 지금으로 치면 시장보다는 인터넷에 범람하는 뜬소문이 이에 해당합니다.

넷째, '극장의 이돌라'입니다. 시각적 영상을 통해 강한 영향을 받는 것처럼 이미 완성된 하나의 스토리가 눈앞에 나타나면 사람은 그것을 쉽게 믿어 버립니다. 영화를 보다가 주인공에게 감정이입이 되는 느낌과 비슷합니다.

베이컨은 **"아는 것이 힘이다."**라고 말했습니다. 이 말은 자연의 구조를 이해하면 더욱 강해질 수 있다는 것을 의미합니다. 그러기 위해서는 우선 편견을 배제해야 합니다. **올바른 목표와 올바른 방법을 갖추어야 학문은 비로소 힘을 발휘할 수 있습니다.**

에피스테메

㉧ episteme

㉣ 지식 / 한 시대의 모든 학문에 공통되는 지식의 토대

"전문 분야는 서로 다르지만, 한 시대를 살고 있기 때문에 분명히 두 분야에 공통적인 **에피스테메**가 있을 거야."

에피스테메는 그리스어로 '학문적 인식'을 뜻합니다. **특정 시대를 지배하는 인식의 무의식 세계**, 쉽게 말해 **'지식'**을 가리킵니다.

예를 들어, 플라톤은 이성이 이끌어 내는 지식을 에피스테메로 부르며, 단순한 주관에 불과한 독사doxa와 대비시켰습니다. 반면, 푸코✦는 《말과 사물Les Mots et les Choses》에서 독특한 지식을 표현하는 말로 에피스테메를 사용했습니다. 개별적인 지식이 아니라 **'한 시대의 모든 학문에 공통되는 지식의 토대'**라는 뜻으로 에피스테메를 사용한 것입니다.

✦ **미셸 푸코**Michel Foucault, 1926~1984: 프랑스의 철학자. 평생토록 권력을 비판하는 입장을 고수했다. 이성에 대한 독단적 논리성을 비판했고, 광기의 진정한 의미를 연구했다. 저서로는 《광기의 역사Histoire de la Folie à l'âge Classique》, 《감시와 처벌Surveiller et Punir: Naissance de la Prison》 등이 있다.

여러 연구자가 같은 대상을 연구할 때도 분명히 시대에 따라 무게를 두는 시점이 달라집니다. 왜냐하면 **지식은 세상의 틀에 영향을 받아 형성되기 때문입니다.** 푸코는 시대에 따라 에피스테메를 네 가지로 구분했습니다. 16세기 르네상스의 에피스테메, 17~18세기 고전주의의 에피스테메, 19세기 근대 인간주의의 에피스테메, 그리고 그 이후에 나타나는 에피스테메입니다. 우리는 지식이 보편적이고 연속적이라고 생각합니다. 하지만 실제 우리가 알고 있는 지식과 학문은 은연중에 시대의 제약을 받는 것이 사실입니다. 그러니 학문적인 탐구를 하려면 스스로 느끼고 깨닫는 것이 유익하겠지요?

시니피앙/시니피에

㉯ signifiant / signifié ㊖ 언어의 음 / 언어의 내용

"'컵'과 '잔'은 서로 다른 **시니피앙**이기 때문에 서로 다른 **시니피에**, 즉 서로 다른 사물로 구별된다."

시니피앙은 '의미하는 것', 다시 말해 **언어의 발음**을 뜻합니다. **시니피에**는 '의미되는 것', 즉 **언어의 내용**을 뜻합니다. 이는 언어학자 소쉬르✦가 제안한 개념이며, 시니피앙과 시니피에를 합쳐서 **시뉴**signe(기호)라고 부르지요. **즉 언어는 음과 내용이라는 두 가지 측면으로 나누어 생각할 수 있습니다.**

예를 들어, '말馬'이라는 시니피에에 대응하는 시니피앙은 'mal'이라는 음입니다. 하지만 '말'을 'mal'이라고 발음하는 것은 한국어뿐이고, 일본어에서는 'uma'라고 발음합니다.

✦ **페르디낭 드 소쉬르**Ferdinand de Saussure, 1857~1913: 스위스의 언어학자. 구조주의 언어학을 탄생시켰다. 저서로는 사후에 제자들이 출간한 《일반언어학 강의Cours de Linguistique Générale》가 있다.

그런 의미에서 '말'과 'mal'의 관계는 자의적입니다. 소쉬르는 이것을 **'자의적 필연성'**이라고 칭했습니다. 게다가 이 대응 관계는 명확하지도 않습니다.

'말'에 대응하는 시니피앙 'mal' 외에도 'nal(日)', 'kal (刀)' 등 다른 시니피앙이 잠재적으로 대응한다고 할 수 있기 때문입니다. 이처럼 **시니피앙과 시니피에의 조합은 자칫 어긋나기 쉽고 매우 위태롭다**고 할 수 있습니다.

시뮬라크르

㉯ simulacre ㉰ 원본 없는 카피

"현대 사회에서 생산되는 대부분의 것은 복제품의 복제품으로 이른 바 **시뮬라크르**다."

시뮬라크르는 모방을 의미합니다. 이는 플라톤의 개념으로, 플라톤은 이 세계의 본질이 이데아이며 이데아의 복제물이 현실이고, 그 현실을 복제한 것, 즉 복제물의 복제가 시뮬라크르로 이루어져 있다고 주장했습니다.

철학에서 말하는 시뮬라크르가 보통의 '모방'과 다른 점은 원본이 없다는 것입니다. 보드리야르✦는 현대 소비 사회가 상품이나 작품의 원본이 아니라 복제품을 복제해서 생산한다고 말했습니다. 이런 상황에서 원본과 복제품, 현실과 가상의 양자 대립은 이미 그 의미를 잃었지요. 보드리야

✦ **장 보드리야르**Jean Baudrillard, 1929~2007: 프랑스의 사상가·사회학자. 현대 소비사회를 기호론적으로 분석해서 주목을 받았다. 저서로는 《소비사회의 신화와 구조La Société de Consommation: ses Mythes, ses Structures》, 《상징적 교환과 죽음L'Échange Symbolique et la Mort》 등이 있다.

르는 그런 사회를 하이퍼리얼리티hyperreality라고 부릅니다. **하이퍼리얼리티에서는 진짜가 존재하지 않기 때문에 각 사물의 의미가 사라져 버린다**고 합니다.

타불라 라사

㉯ tabula rasa ㉰ 백지처럼 하얀 마음

"갓 태어난 아기는 아무것도 모르지만, 호기심 어린 눈으로 사물을 바라보면서 지혜를 얻게 된다. **타불라 라사**에 수많은 것이 그려지는 셈이다."

타불라 라사는 로크✦의 용어입니다. 라틴어로는 '아무것도 그려지지 않은 판'이라는 뜻인데, **'백지처럼 하얀 마음'**이라고 생각하면 쉽습니다. 로크 자신도 '백지'라는 표현을 사용한 바 있습니다. 즉 **우리가 경험으로 얻은 지식이 백지처럼 하얀 마음에 차례차례 그려 넣어진다**는 의미입니다.

'마음의 백지에 그려 넣는다'는 이미지를 쉽게 떠올릴 수 있을 겁니다. 그것은 무언가를 보고 들은 대로 이해하고 자신의 것으로 만드는 일입니다. 마치 자신만의 아이디어 수첩을 빼곡히 채우듯 수많은 생각을 마음속에 쌓아 가는 것

✦ **존 로크**John Locke, 1632~1704: 영국의 철학자. 영국경험론의 완성자. 사회계약설 등 정치사상으로도 유명하다. 저서로는 《인간지성론An Essay concerning Human Understanding》, 《통치론Two Treatises of Government》 등이 있다.

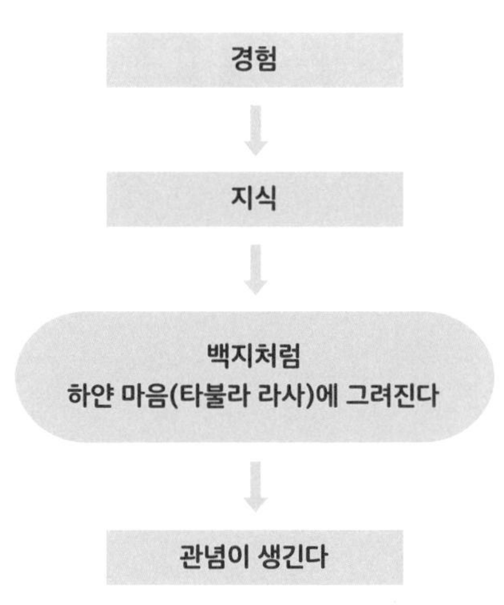

이지요.

로크는 경험론의 입장이었기 때문에 **인간은 태어날 때 마음속이 백지 상태라고 주장**했습니다. 이에 반해 데카르트처럼 **합리론의 입장이었던 사람들은 인간에게 타고난 생득관념이 있다**고 생각했습니다. 생득관념이란 태어날 때 이미 마음속에 그려져 있는 관념입니다. 경험론과 합리론 중 어느 쪽이 옳다고 딱 잘라 말할 수는 없습니다. 하지만 적어도 **우리 인간이 무언가 새로운 것을 배울 수 있는 존재임은 확실합니다.**

독사

㉻ 臆見 ㉯ doxa ㉲ 독단에 의한 믿음

"네가 정말 사물의 본질을 이해하고 싶다면 **독사**를 버려야 해."

독사는 억견臆見으로 번역합니다. 낡고 경직된 통념을 뜻하는 그리스어로 **독단에 의한 믿음**을 뜻하지요. 플라톤은 사물의 이상적인 상태인 이데아를 토대로 이성이 이끌어 내는 지식을 에피스테메라고 불렀습니다. 이에 반해, 단순히 감각기관이 받아들인 것에 불과한 지식을 독사라고 부르며 폄하했습니다.

다시 말해, **눈에 보이는 것을 아무 생각 없이 그대로 받아들인 결과가 독사입니다.** 플라톤은 그 독사를 피하고 지식을 고찰함으로써 에피스테메를 얻어야 한다고 말했습니다.

도그마

㉿ 獨斷 ㉾ dogma ㊣ 독단

"**도그마**를 토대로 한 발언으로 자칫 신용을 잃을 수 있습니다."

도그마티즘dogmatism은 도그마를 중시하는 사상이며, '교조주의教條主義'라고 번역합니다. **도그마티즘은 아무런 근거 없이 독단적으로 사물을 판단하는 것**을 의미합니다. 고대 그리스에서는 단순히 '생각되는 바'라는 뜻이었지만, 중세에 들어 이교의 교리를 가리키는 데 도그마라는 단어를 사용했습니다.

도그마가 '독단'을 뜻하는 부정적인 개념으로 바뀐 것은 르네상스 이후입니다. 무엇이든 의심하려는 회의주의의 영향 때문에 사물을 독단적으로 논하는 사람들이 비난받았습니다. 근대에는 칸트가 기존의 교리를 절대적으로 받아들이는 교조주의에는 비판 정신이 없다고 비난했습니다.

노마드

㉤ nomad ㉥ 기존 질서에 대항해 자유로운 삶을 사는 사람

"국경의 틀을 초월해서 자유롭게 사는 너는 진정한 **노마드**다."

노마드는 본래 **계절마다 이동하며 생활하는 유목민**을 이르는 말이었습니다. 하지만 지금은 그 뜻이 바뀌어, **정해진 사무실에서 일하지 않고 카페나 집을 돌아다니며 자유롭게 작업하는 사람들**을 가리키는 용어가 되었습니다.

노마드를 주제로 한 신조어로는 디지털 노마드족, 강의 노마드족, 커피 노마드족, 노블레스 노마드족 등이 있습니다. 이름은 각기 다르지만 **정해진 틀 없이 자유롭게 살아간다는 공통점**이 있지요.

여기서 들뢰즈와 가타리는 노마드를 철학 용어로 사용하며 특별한 의미를 부여했습니다. 이들은 공저 《천 개의 고원Mille Plateaux》에서 **노마돌로지**nomadology라는 사상을 주창했습니다. 이것은 유목민적 생활을 회복하려는 사상입니

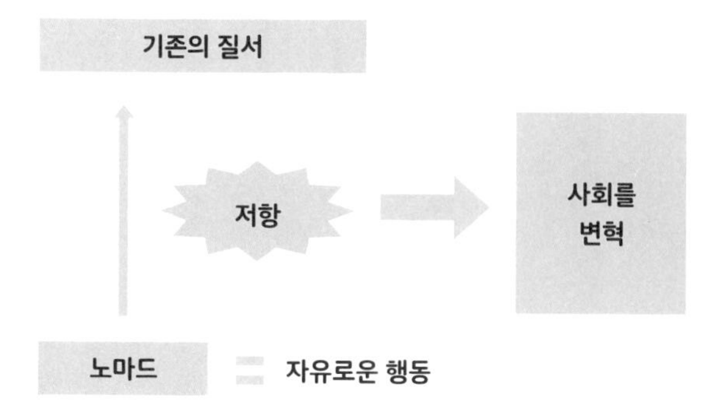

다. 권력을 기피하고, 경계를 넘어 활동하며, 다양한 생활을 즐기는 삶을 제창한 것이지요. 노마드는 **형식에 얽매이지 않고 새로운 자아를 찾아가는 철학적 개념으로 사용**되었습니다. 이처럼 노마드는 일정한 상황에 속박되지 않고 자유롭게 활동할 수 있는 사람을 말합니다. 이 개념은 기존의 국가 질서를 깨뜨리는데요. 이로써 **국경과 인종 등으로 굳건히 고정된 벽을 넘어, 개인이 사회를 변혁하는 힘으로 작용**합니다.

필리아

㉯ philia ㉣ 우애

"친구를 자기 자신처럼 사랑하는 것은 **필리아**라고 할 수 있어."

그리스어에는 사랑을 뜻하는 단어가 세 가지 있습니다. 바로 **필리아, 아가페, 에로스**입니다.

필리아는 아리스토텔레스의 용어로, **우애**를 뜻합니다. 다른 말로 **동료애**입니다. 필리아는 사랑의 일종이기는 하지만, 기독교의 무조건적인 사랑인 아가페와는 달리 일방적으로 사랑을 베풀지 않습니다. 또한, 플라톤의 에로스처럼 대상을 일방적으로 추구하는 사랑도 아닙니다. 오히려 **필리아는 자기 자신과 대등하게 남을 사랑하는 것입니다.** 따라서 친구를 위한다는 것은 친구를 자기 자신처럼 아끼고 사랑한다는 뜻입니다.

우정이 사랑이라고 하면 의외라고 느끼실지도 모릅니다. 하지만 우리는 '친구와 애인 가운데 어느 쪽을 선택할 것인지' 고민하기도 하고, '사랑과 우정 사이'라는 표현을 쓰기도 하고, '친구에서 애인으로 발전했다'는 말을 하기도 하지요. 이것은 **우정이 사랑과 동일한 카테고리 안에 있음**을 보여 줍니다.

아리스토텔레스는 《니코마코스 윤리학Nicomachean Ethics》에서 필리아라는 말을 사용했습니다. 공동체 윤리를 논하는 이 책에서는 동료와의 사랑을 가장 중요한 윤리로 여겼습니다. 그런 의미에서 **필리아는 아리스토텔레스의 윤리학을 상징하는 용어**라고 할 수 있습니다.

프래그머티즘

㉯ pragmatism ㉲ 쓸모 있는 지식에 가치를 두는 사고

"업무나 일상생활에 쓸모없는 철학을 공부해 봤자 아무 의미 없다고 말하는 당신은 진정 **프래그머티즘**의 신봉자입니다."

프래그머티즘은 행위나 실천을 뜻하는 'pragma'라는 그리스어에서 유래한 용어로, 미국에서 발전한 사상입니다. 한마디로 '실용주의'라고 번역할 수 있지요. 프래그머티즘을 쉽게 말하면 **'생활의 철학'**, **'상식의 철학'**이라 할 수 있습니다. 프래그머티즘을 주창한 주요 사상가는 세 명으로, 그 내용도 단계별로 변화해 왔습니다.

처음으로 프래그머티즘을 주창한 사람은 퍼스✦라는 철학자입니다. 그는 **어떤 개념을 명확히 정의하기 위한 방법으로 프래그머티즘이라는 용어를 사용**했습니다. 그는 과학

✦ **찰스 샌더스 퍼스**Charles Sanders Peirce, 1839~1914: 미국의 철학자·과학자. 프래그머티즘의 창시자. 그는 데카르트적인 직관주의를 부정하면서 인간의 사고는 '기호주의'에서 찾을 수 있다고 주장했다. 저서로는 《찰스 샌더스 퍼스의 전집Collected Papers of Charles Sanders Peirce》 등이 있다.

적 실험 방법을 개념 분석에 이용할 수 있다고 보았습니다. 그리고 그 실험을 통해 도출되는 효과로 개념의 의미를 더 명료하게 정리할 수 있다고 주장했지요.

퍼스가 창설한 프래그머티즘을 발전시킨 사람은 미국의 철학자 윌리엄 제임스William James입니다. 제임스는 퍼스가 주창한 프래그머티즘의 실험 방법을 **인생, 종교, 세계관 등 진리의 문제에 적용**했습니다. 그는 진리가 우리 생활에 유용하게 작용하는가에 대한 관점에서, 즉 유용성을 기준으로 진리를 고찰해야 한다고 주장했습니다.

듀이✦는 한층 실천적인 사상으로 발전한 프래그머티즘을 완성시켰습니다. 듀이는 우리의 일상을 풍요롭게 만드는 것을 철학의 목적으로 삼았습니다. 그래서 **사상이나 지식은 그 자체에 목적이나 가치가 있는 것이 아니라, 단지 인간이 환경에 대응하기 위한 수단**이라고 보았습니다. 지식을 인간의 행동에 도움이 되는 도구로 이해한 셈입니다. 이런 사상을 '**도구주의**instrumentalism'라고 부릅니다.

✦ **존 듀이**John Dewey, 1859~1952: 미국의 철학자. 프래그머티즘의 입장에서 도구주의를 주창했다. 경험을 중시했고, 평등한 기회, 규칙이 있는 자유, 개인주의 등을 주장했다. 교육론으로도 유명하다. 저서로는 《학교와 사회The School and Society》, 《철학의 개조Reconstruction in Philosophy》 등이 있다.

브리콜라주

원 bricolage 뜻 손재주

"이 강아지 집은 아마추어가 대충 만들었다고 하기엔 너무 튼튼해. 이런 걸 **브리콜라주**라고 하지."

브리콜라주는 '손재주'라고 번역합니다. **당장 눈앞에 있는 재료로 무엇이든 손쉽게 만드는 것을 뜻합니다.** 무엇이든 뚝딱 만들어 내는 재주꾼을 떠올리면 쉽게 이해할 수 있을 것입니다. 그런 재주꾼은 설계도를 보면서 무언가를 만들지 않습니다. 만드는 순서도 제멋대로입니다. 자칫 대중없이 대충 만드는 것처럼 보입니다. 그런데도 희한하게 쓸모 있는 물건이 나옵니다. 일종의 즉흥 제작이라 할 수 있습니다. 그런 작업에는 나름의 과학적 근거가 있을 것입니다. 문화인류학자 레비스트로스✦는 그것을 '과학을 모르는 사

✦ **클로드 레비스트로스**Claude Lévi-Strauss, 1908~2009: 프랑스의 문화인류학자. 구조주의를 주창하고, 서양 근대의 우위성을 뒤엎으려 했다. 저서로는 《슬픈 열대Tristes Tropiques》, 《야생의 사고La Pensée sauvage》 등이 있다.

람들의 과학'이라고 불렀습니다.

생각해 보면 세상은 우리가 논리적으로 이해할 수 있는 사물들로만 이루어져 있지는 않습니다. 우리가 모르는 곳에 또 하나의 세계가 존재한다고 할 수 있지요. 이 브리콜라주를 미지의 세계를 발견하는 방법으로 이용할 수 있는 것입니다.

레비스트로스는 브리콜라주를 신화에서도 찾아낼 수 있다고 말합니다. "신화적인 사고는 다양한 요소로 이루어졌지만, 한정된 재료를 사용해서 표현해야 한다. 따라서 신화적인 사고는 일종의 브리콜라주다."

모럴리스트

㉧ moralist ㉦ 에세이 형식으로 도덕을 논한 사상가들

"이 논문은 체계적이지 않아. 마치 **모럴리스트**의 에세이 같아."

모럴리스트는 'moral'에서 유래했습니다. 여기에서 알 수 있듯이, 모럴리스트는 도덕에 관해 논한 사람들을 의미합니다. 즉, **인간의 존재 양식을 고찰하고 도덕적인 삶에 관해 제언한 작가를 총칭**합니다. 16~18세기에 프랑스에서 사용되었던 수필이나 짧은 글로 인간의 삶을 탐구한 사람들입니다.

그러나 칸트처럼 도덕철학을 논한 사상가와는 달리 모럴리스트는 어떠한 규범을 제시하거나 체계를 구축하려 들지 않았습니다. 오히려 그들은 **인간 세상을 모두 포괄하는 체계적인 사상은 있을 수 없다**고 생각했지요. 그들의 목적은 어디까지나 **자신들의 체험을 바탕으로 도덕을 묘사**하는 것이었습니다. 따라서 형식을 갖춘 체계적인 사상이라기보다

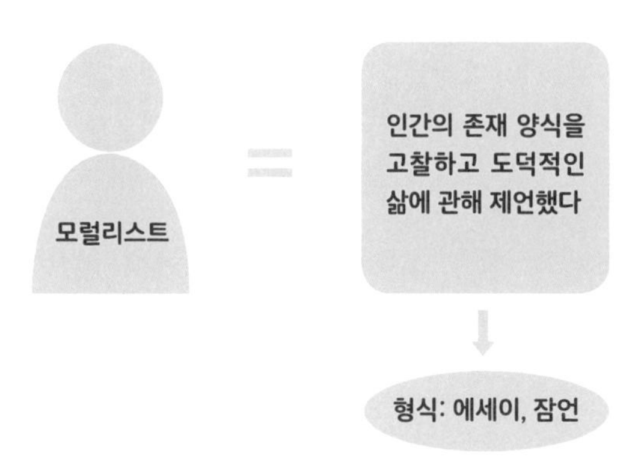

는 에세이나 잠언 같은 비교적 자유로운 형식의 사상을 펼쳤습니다. 그런 의미에서 어느 사상가나 작가를 모럴리스트라고 부를지는 논란의 여지가 있습니다. 하지만 16~18세기에 프랑스에서 활약한 사상가 몽테뉴✦(대표작 《수상록Les Essais》)와 파스칼✦✦(대표작 《팡세Pensées》)만큼은 대표적인 모럴리스트로 꼽을 수 있습니다.

✦ **미셸 드 몽테뉴**Michel de Montaigne, 1533~1592: 프랑스의 사상가. 모럴리스트. 회의주의의 입장에서 인간의 삶을 탐구했다. 저서로는 《수상록Les Essais》, 《여행 일기Journal de Voyage en Italie》 등이 있다.

✦✦ **블레즈 파스칼**Blaise Pascal, 1623~1662: 프랑스의 과학자·사상가. 모럴리스트. 인간의 삶을 에세이 형식으로 표현했다. 저서로는 《팡세Pensées》, 《프로뱅시알Les Provinciales》 등이 있다.

리버테리어니즘

㉧ libertarianism ㉻ 개인의 자유를 극단적으로 중시하는 입장

"정부는 작을수록 좋다'는 말은 **리버테리어니즘**의 입장 아닐까?"

리버테리어니즘은 **'자유지상주의'**라고 번역되는 정치철학 용어입니다. 리버테리어니즘을 주장하는 사람을 가리켜 '리버테리언libertarian'이라고 부릅니다. 리버테리어니즘은 일반적으로 **개인의 자유나 기호를 최대한 존중하는 극단적인 개인주의의 입장**을 말합니다. 다만, 그 스펙트럼이 넓어서 여러 가지 입장을 포괄하지요. 국가를 완전히 폐지하자는 주장에서부터, 어느 정도의 국가 개입을 인정하는 입장까지 리버테리어니즘에 속합니다.

1970년대에 노직✦의 '최소국가론the minimal state'이 크게 주

✦ **로버트 노직**Robert Nozick, 1938~2002: 미국의 철학자. 리버테리어니즘의 대표적 인물. 저서로는 《무정부, 국가, 그리고 유토피아Anarchy, State, and Utopia》, 《돌아보는 삶The Examined Life》 등이 있다.

목을 끌면서 리버테리어니즘이 확산되었습니다. **최소국가론이라는 것은 국가를 폐지하지는 않더라도 그 역할만큼은 국방, 재판, 치안 유지 등으로 최대한 억제해야 한다**는 주장입니다.

리버테리어니즘은 개인의 자유를 중시한다는 점에서 리버럴리즘과 비슷하지만, 분명히 차이가 있습니다. 리버럴리즘은 존 롤스John Rawls의 《정의론A Theory of Justice》 이후 **복지국가론**과 같은 의미로 쓰였고, **부의 재분배나 법적 규제에 의한 국가 개입을 적극적으로 인정**했습니다. 하지만 리버테리어니즘은 반대로 그런 형태의 국가 개입을 부정하는 사상입니다. 다시 말해, 리버테리어니즘은 **정부를 극도로 불신**합니다. 하지만 반대로 시장에는 절대적인 신뢰를 보냅니다. **시장은 자발적인 교환을 본질로 하는 도덕적인 제도**라는 이유에서지요. 이를 보면 리버테리어니즘이 개인주의 국가인 미국에서 인기가 높은 이유를 쉽게 이해할 수 있습니다.

커뮤니테리어니즘

㉯ communitarianism ㉶ 공동체의 미덕을 중시하는 입장

"지역사회 안에서 어린이를 키운다는 발상이 있는데, 이것은 **커뮤니테리어니즘**의 발상과 통하는 개념이라고 할 수 있다."

커뮤니테리어니즘은 '공동체주의'라고 번역할 수 있는 정치철학 용어입니다. 커뮤니테리어니즘을 주장하는 사람을 가리켜 '커뮤니테리언communitarian'이라고 부르지요. 1980년대 미국에서 커뮤니테리어니즘은 이전까지 융성했던 리버럴리즘을 비판하며 자유주의-공동체주의 논쟁을 일으켰습니다. 커뮤니테리어니즘의 리버럴리즘 비판은 두 가지 관점으로 요약할 수 있습니다.

첫째, 리버럴리즘의 '자기' 개념은 역사와 전통, 공동체의 맥락에서 벗어난 고립된 개인을 의미한다.

둘째, 리버럴리즘은 절차의 공정성을 우선시하며 도덕이나 선에 관해 논의하기를 포기했다.

두 번째 관점을 반대로 말하면, 커뮤니테리어니즘은 **'자기'와 '공동체'의 상호관계성을 토대로 도덕과 선에 관해 논의하는 사상**이라고 할 수 있습니다.

원래 커뮤니테리어니즘의 내용은 이를 논하는 사람에 따라 다소 차이가 있습니다. 예를 들어 마이클 샌델✦에 의하면, 우리는 자신이 속한 공동체와 깊은 관련을 맺는 존재입니다. 그래서 공동체에 애착을 느끼며, 공동체 안에서 다진 미덕을 중시합니다. 커뮤니테리어니즘은 **공동체의 미덕**에 가치를 두는 입장이라고 할 수 있습니다. 한 가지 주의할 점은 **공동체의 미덕에 가치를 둔다고 해서 결코 개인의 자유를 배제하는 것이 아니라는 점**입니다. 그런 의미에서 커뮤니테리어니즘은 전체주의와 구별됩니다.

즉 커뮤니테리어니즘은 리버럴리즘과 완전히 대치되지 않습니다. **두 사상 모두 공동체의 미덕과 개인의 자유를 중시하지만 그중 무엇을 더 중시하는지의 차이만이 있을 뿐**입니다. 현재 커뮤니테리어니즘과 리버럴리즘 중 어느 한 쪽만을 택해야 한다는 논의는 거의 사라졌습니다.

✦ **마이클 샌델**Michael Sandel, 1953~: 미국의 정치철학자. 최연소 하버드대 교수. 도덕적 논의의 필요성을 역설했고 저서로는 《자유주의와 정의의 한계**Liberalism and the Limits of Justice**》, 《민주주의의 불만**Democracy's Discontent**》, 《정의란 무엇인가**Justice: What's the Right Thing to Do?**》 등이 있다.

코스모폴리타니즘

원 cosmopolitanism

뜻 국가 단위가 아니라 개인 단위로 사물을 생각하는 입장

"전 지구와 관련된 문제를 해결하려면 국가 단위의 발상이 아니라 **코스모폴리타니즘**의 발상이 필요하다."

코스모폴리타니즘은 국가의 틀을 초월한 세계 전체를 인간의 공통된 생활공간으로 파악하는 입장입니다. 즉 **인류를 하나의 세계시민**으로 보는 것이지요. 코스모폴리타니즘은 '세계시민주의'라고도 번역되며, 이를 주장하는 사람을 가리켜 '코스모폴리탄cosmopolitan'이라고 부릅니다.

코스모폴리타니즘은 **국가 단위가 아닌, 개인 단위로 정의와 행복을 생각**합니다. 다시 말해, 국가의 틀을 없애고 생각하면 한 나라의 정의나 국가 전체의 행복은 더 이상 문제가 되지 않는다는 것이죠. 그보다는 개개인의 정의와 행복을 묻는 것이 더 중요하기 때문입니다.

이 발상 자체는 고대 그리스 시대에도 존재했습니다. 하지만 알렉산더 대왕이 제국을 수립한 후 도시국가인 폴리

스가 붕괴하면서부터 현실성을 띠기 시작했지요. 특히, 모든 존재가 이성의 지배를 받는다고 생각한 스토아학파에게는 애초에 국가의 틀이 중요하지 않았습니다. 그렇기 때문에 코스모폴리타니즘이야말로 인간의 이성에 부합하는 삶이라고 생각했습니다.

근대 이후에 코스모폴리타니즘은 평화를 수립하는 사상으로 여겨졌습니다. 《영구 평화를 위하여Zum ewigen Frieden》를 쓴 칸트의 계몽주의도 그중 하나라고 할 수 있습니다.

현대에는 빈곤 문제를 비롯한 세계적 문제를 해결하고 전 지구적인 정의를 실현하기 위한 정치 사상으로서, **국가 단위가 아닌 개인을 주체로 정의를 고찰하려는 코스모폴리탄 리버럴리즘**cosmopolitan liberalism이 대두되고 있습니다.

로고스

㉯ logos ㉳ 논리적인 말

"정치가는 난처한 상황을 모면하기 위한 핑계만 댈 뿐, 절대 **로고스**를 말하지 않는다."

로고스는 고대 그리스 철학과 신학의 기본 용어로 '주워 모으다'라는 뜻에서 유래한 말입니다. 그 이후 로고스는 언어, 질서, 논리, 이성 등 다양한 뜻을 지닌 말로 사용되었으나, 본래는 **어지럽게 흩어진 사물을 질서 있게 주워 모은다는 뉘앙스에서 논리를 구축한다는 의미가 파생**된 것입니다. 따라서 로고스는 기본적으로 **'논리적인 말'**을 뜻합니다. 고대 그리스에서는 이 로고스에 높은 가치를 두었습니다. 고대 그리스에서 언어와 이성에 의한 철학이 발전한 이유도 로고스를 중요시했기 때문입니다.

철학에서 로고스를 처음으로 사용한 헤라클레이토스✦는

✦ **헤라클레이토스**Heraclitus, BC540?~BC480?: 초기 그리스의 철학자. 로고스를 자기 철학의 핵심으로 삼았다. '만물은 유전한다'라는 표현으로 유명하다.

만물의 근거가 로고스에 있다고 주장했습니다.

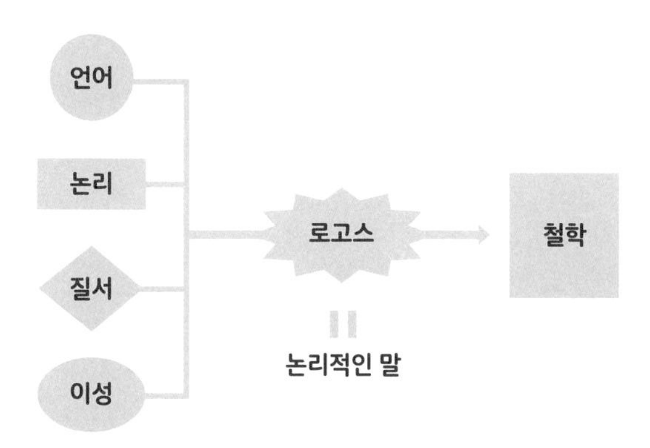

어지럽게 흩어진 사물을 질서 있는 로고스로 연결하는 것이 지식이라고 말했지요. 스토아학파는 이런 사상을 받아들여, 로고스를 만물의 근거이자 우주 생성의 원리로까지 격상시켰습니다. 이처럼 로고스는 서양 근대 철학을 상징하는 개념으로 근대까지 이어졌습니다. 프랑스의 현대 사상가 데리다가 서양 근대 철학을 로고스 중심주의라고 비판한 것은 그 때문입니다.

파토스

㉯ pathos ㉰ 마음의 동요

"**파토스**를 극복하지 못하는 한 죽음의 불안을 불식할 수 없다."

파토스는 원래 **불안**이나 **고통**, 즉 **수난**을 가리킵니다. 수난은 신체의 고통을 통해 느끼게 됩니다. 제논을 창시자로 삼고 금욕을 추구한 스토아학파는 파토스에 **정념**정열, 격정, 욕정의 의미를 추가하여, **불안과 분노 같은 마음의 동요**를 파토스라고 불렀습니다.

따라서 스토아학파에서 말하는 불안과 분노란 주로 **외부의 자극을 신체가 받아들임으로써 내면에 생기는 마음의 동요**를 가리킵니다. 여기에서도 알 수 있듯이 파토스는 감정의 원리를 말합니다. 따라서 지성의 원리인 로고스와 대립하는 말이라고 할 수 있습니다.

메타

㉯ meta ㊇ 높은 차원

"네가 말하는 것은 문제의 이론 자체가 아니라, 그 이론을 구성하는 이론, 즉 **메타**이론에 관한 이야기인 듯해."

메타는 '더 높은', '초월한'이라는 뜻을 지닌 접두어입니다. **어떤 기술**記述**된 대상을 또다시 대상으로 삼아 기술**하는 것을 메타라고 부릅니다. 간단히 말해 더 높은 차원의 기술이지요. 예를 들어, 언어라는 대상을 기술하는 것이 메타언어입니다. 한국어로 쓰인 그리스어 해설서를 생각해 볼까요. 이 경우 그리스어가 대상언어이고 한국어가 메타언어입니다. 즉 대상을 넘어섰다는 의미지요.

마찬가지로 메타이론metatheory은 **특정 이론을 대상으로 하는 한 단계 높은 차원의 이론**을 가리킵니다. 이때 대상이 되는 이론을 대상 이론object theory이라고 말합니다. '메타 수준'에서 논하자는 말은 대상 이론을 다루지 말고 메타이론에 관해 생각해 보자는 뜻입니다.

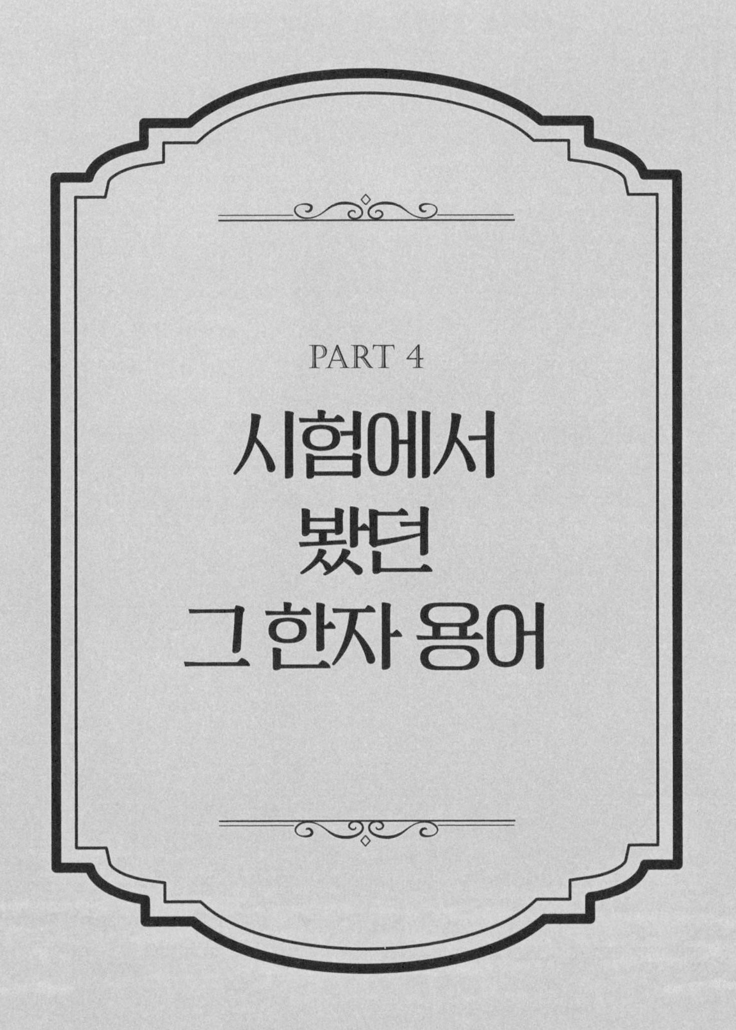

PART 4

시험에서 봤던 그 한자 용어

상부구조 / 하부구조

㉻ 上部構造 / 下部構造 ㉯ Überbau / Basis

㉾ 사회제도 / 경제활동

"사회 초년생이 **상부구조**와 **하부구조**를 이해한다면 앞으로의 경제 활동에 더 도움이 되지 않을까?"

상부구조와 하부구조는 마르크스가 분석한 사회구조입니다. 그는 **하부구조가 상부구조를 규정한다**고 주장했습니다. 즉 마르크스는 인간의 사상, 법, 정치제도 등을 가리키는 '상부구조'가 생산수단이나 생산 활동 등을 가리키는 '하부구조'에 의해 결정된다고 생각했습니다. 상부구조는 국가기구, 법체계, 이데올로기 외에 규범 체계, 관습, 인습, 예술, 종교, 학문, 언어 등을 모두 포함하고 있습니다. **경제활동이라는 '토대' 위에 모든 사회제도의 내용이 정해진다**는 뜻입니다.

예를 들어, 자유주의 국가의 사회제도는 자본주의라는 생산양식에 의해 규정됩니다. 이전의 철학자들이 사상이나 관념에 의해 경제활동의 양상이 규정된다고 생각한 것과는 정반대의 발상이라고 할 수 있습니다. 이처럼 마르크스는 **생산력의 향상으로 하부구조가 발전하면 머지않아 혁명이 일어나고 상부구조도 변화한다**고 생각했습니다. 그리고 이런 메커니즘으로 역사가 발전한다고 이야기했습니다. 이것이 **유물사관**唯物史觀, historical materialism이라 불리는 그의 독특한 역사관입니다.

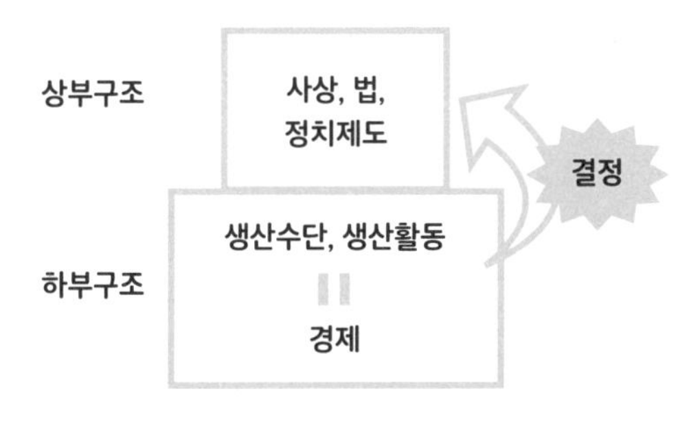

유물사관을 구체적으로 설명하자면, 인류의 역사가 원시공산제에서 노예제로, 노예제에서 봉건제로, 봉건제에서 자본주의로, 그리고 마지막으로 자본주의에서 사회주의와 공산주의로 변천해 간다는 내용입니다.

유물사관

㉿ 唯物史觀 ㊀ historical materialism

㉮ 경제가 역사를 움직인다는 설

"'정치, 사상, 법률이 모두 그 시대의 경제 상황에 따라 결정된다'는 생각은 **유물사관**에 입각한 것이다."

유물사관은 **마르크스와 엥겔스**✦**의 독자적인 사회관 또는 역사관**입니다. 그들은 사회와 역사의 기초를 이루는 것이 물질적 생산 활동이라고 보았습니다. 물질적 생산 활동의 토대 위에 법률이나 정치 등의 제도가 성립한다고 생각했지요. 이로 인해 생산력이 올라가 생산성이 높아지면 **생산관계에 모순이 일어나고, 그 모순이 원동력이 되어 역사가 다음 단계로 변천**한다고 주장했습니다. 구체적으로는 원시공산제→노예제→봉건제→자본주의→사회주의→공산주의로 발전하지요.

✦ **프리드리히 엥겔스**Friedrich Engels, 1820~1895: 독일의 사상가. 사상적·경제적으로 마르크스를 지원해 마르크스주의를 확립하는 데 공헌했다. 저서로는 《반뒤링론Anti-Dühring》 등이 있다.

예를 들어, 봉건제에서 자본주의로 옮겨 간 이유는 공장의 생산성이 향상되어 자본이 축적되었기 때문입니다. 그 때문에 자본주의는 다양한 모순을 품기 시작했습니다. 마르크스는 모순으로 가득한 자본주의가 혁명에 의해 무너지고, 생산력을 중시하는 사회로 바뀌어 갈 수밖에 없다고 지적했습니다. 즉 자본주의 이후에 도래하는 역사 단계는 **능력에 따라 일하고 일한 만큼 배분받는 사회주의**, 혹은 **능력에 따라 일하고 필요한 만큼 배분받는 공산주의**가 될 수밖에 없다고 이야기했습니다.

구조주의

㊥ **構造主義** ㊉ structuralism

㊯ **무엇이든 구조화해서 생각하는 입장**

"'나무를 보지 말고 숲을 보라'는 말이 있다. 사물의 전체적인 구조를 바라보아야 비로소 사물을 이해할 수 있다는 뜻이다. 앞으로 점점 이러한 **구조주의**적 시점이 요구될 것이다."

구조주의는 **사물이나 현상의 전체적인 구조에 시선을 돌림으로써 본질을 찾아내려는 사상**입니다. 1960년대 문화인류학자 레비스트로스Lévi-Strauss에 의해 널리 알려졌지요. 레비스트로스의 기본적인 발상은 **현상의 부분에서 이유를 찾아내는 작업을 그만두고, 전체를 구조로 파악해야 한다**는 것입니다. 구조와 체계에 대해 탐구하려 하는 현대 철학이라고 할 수 있습니다.

전체적인 구조에 시선을 돌려 찾아낸 사실 중 가장 유명한 것이 교차사촌혼交叉四寸婚입니다. 교차사촌혼이란 이성 형제의 자녀끼리 혼인시키는 풍습으로, 미개 부족에서 흔히 볼 수 있습니다. 이런 결혼을 미개 사회의 독특한 풍습으로 치부할 수도 있겠지만, 레비스트로스는 이 풍습의 전체적인 구조에 시선을 돌려 새로운 사실을 발견했습니다. 그것은 바로 **부계가족 남자의 입장에서 모계 사촌은 다른 가족 집단에 속한다**는 것입니다. 이런 관계에 있는 남녀가 결혼하는 구조를 놓고 보면, 항상 다른 가족 집단끼리 구성원을 교환해서 부족의 존속을 도모한다는 점을 알 수 있습니다.

미개하다고 생각한 풍습의 전체적인 구조를 고려하니 생각했던 것과는 다르게 교차사촌혼이 고도의 시스템으로 이루어져 있음을 알 수 있었지요. 이처럼 구조주의는 **사물을 바라보는 관점이자, 사고의 방법론입니다.** 레비스트로스는 구조주의의 입장에서 기존의 편향된 서구중심주의를 비판했습니다.

실존주의

㉻ 實存主義 ㉾ existentialism

㊐ 스스로 인생을 개척해 나가는 삶

"인생을 남에게 맡기면 발전이 없다. 스스로 길을 만들어 가야 한다. 특히 지금 같은 혼돈의 시대에는 그런 **실존주의**적 태도가 중요하다."

실존주의는 **"주체성이 진리다."**라는 말을 내세우며 인생을 스스로 만들어 갈 것을 주장한 키르케고르[✦]의 사상입니다. 그 외에도 여러 실존주의자들은 **스스로 인생을 개척해 나가야 한다는 입장을 공통적으로 내세웠습니다.**

여기에서는 실존주의의 대표 격이라 할 수 있는 사르트르Sartre의 사상을 설명하겠습니다. 사르트르에 따르면, **인간은 기존의 어떠한 본질에 지배되는 존재가 아니며 자기 스스로 인생을 개척해 나가야 하는 실존적 존재**입니다. 그는 이것을 **'실존은 본질에 앞선다'**라고 표현했습니다. 여기

✦ **쇠렌 키르케고르**Søren Kierkegaard, 1813~1855: 덴마크의 철학자. 절망과 불안을 극복하기 위한 사상으로 실존주의를 주창한 선구자다. 저서로는 《이것이냐 저것이냐Enten-Eller》, 《죽음에 이르는 병Sygdommen til Døden》 등이 있다.

서 실존이란 '존재한다'는 뜻이고, 본질이란 '이미 정해진 운명'을 말합니다.

사르트르는 페이퍼 나이프를 예로 들어 이 주장을 설명했습니다. 페이퍼 나이프는 일정한 구조로 만들어진 물체이며 일정한 용도를 지니고 있습니다. 따라서 이 경우 페이퍼 나이프의 본질은 실존에 앞섭니다. **페이퍼 나이프라는 존재가 페이퍼 나이프의 용도**본질**에 의해 정해졌다**고 할 수 있습니다. 그러므로 페이퍼 나이프처럼 구조와 용도가 미리 정해진 존재는 본질이 실존에 앞섭니다. 반대로 인간은 실존이 먼저 등장하고 난 뒤에 스스로 본질을 만듭니다. 스스로 만들어 낸 본질이 삶에 도움이 되기도 합니다. 따라서 인간의 경우 실존이 본질에 앞섭니다.

사르트르는 이런 상태를 '**인간은 자유라는 형벌에 처해졌다**'라고 표현했습니다. 인간은 끊임없이 무언가를 선택하지 않으면 앞으로 한 걸음도 나아갈 수 없기 때문입니다. '무엇이든 해도 된다'는 말은 당황스럽습니다. 하지만 이 말은 **우리가 무한한 가능성 속에서 매 순간 자유롭게 인생의 길을 선택할 수 있다**는 자랑스러운 사실을 일깨워 줍니다.

공리주의

㊞ 功利主義 ㊞ utilitarianism

㊞ 행동 원리로서 개인의 쾌락과 행복을 중시하는 입장

"많은 사람을 위해 노숙자들을 공원에서 내쫓고 보호시설에 수용해야 한다고? 넌 뼈리부터 **공리주의자**로구나."

공리주의를 주창한 사람은 영국의 사상가 제러미 벤담✦입니다. 공리주의란, **어떤 행위가 쾌락과 행복을 가져다주느냐에 따라 그 행위의 선악을 판단하는 윤리관**입니다. 이 원리를 사회에 적용하면 사회의 행복은 개개인의 행복을 모두 합한 것이 됩니다. 여기에서 바로 **'최대 다수의 최대 행복'**이라는 유명한 말이 나왔습니다.

이 말에 따르면, 사회의 이익을 최대화하기 위해서는 소수자의 행복보다 다수자의 행복을 증대시키는 편이 바람직합니다. 또한, 같은 다수자의 행복이라도 작은 행복보다 큰 행

✦ **제러미 벤담**Jeremy Bentham, 1748~1832: 영국의 사상가. '최대 다수의 최대 행복'이라는 유명한 말을 남긴 공리주의의 시조. 저서로는 《정부론 단편A Fragment on Government》, 《도덕 및 입법의 원리 서설An Introduction to the Principles of Morals and Legislation》 등이 있다.

복을 증대시키는 편이 좋지요. 이런 관점에서는 **다수의 행복을 위해 소수의 희생이 당연시됩니다.** 불행해지는 소수자가 생겨도 안타깝지만 어쩔 수 없습니다. 언뜻 비정한 발상처럼 보이지만, **사실 우리 사회는 공리주의를 토대로 설계되었습니다.** 예를 들어, 교통사고 사상자가 끊임없이 발생하고 있지만 우리는 편리함 때문에 자동차를 포기하지 않지요. 이처럼 행복의 '양'만을 중시하는 벤담의 입장은 고귀한 쾌락과 저급한 쾌락을 구별하지 않는 짐승의 학설이라고 비판받았습니다. 반대로 영국의 정치철학자 밀✦은 벤담과는 달리 **쾌락의 '질'**에 주목했습니다.

밀은 **인간의 개성을 배려하면서도 공리주의의 장점을 살릴 수 있다**고 말했습니다. 이로써 공리주의는 짐승의 학설이라는 오명을 벗었지요. 실제로 밀은 '배부른 돼지보다 배고픈 소크라테스가 낫다'고까지 주장했습니다. 이처럼 밀의 공리주의를 따르면 '양'은 적지만 '질' 좋은 행복을 얻을 수 있습니다.

✦ **존 스튜어트 밀**John Stuart Mill, 1806~1873: 영국의 철학자, 경제학자. 공리주의에서 행복의 질을 중시하라고 역설했다. 저서로는 《자유론On Liberty》, 《공리주의론Utilitarianism》 등이 있다.

계몽주의

㊥ 啓蒙主義 ㊠ enlightenment

㊫ 인간의 능력이 만능이라고 생각하는 입장

"사람이 무엇이든 할 수 있다고 생각하다니. 넌 **계몽주의자** 같아."

계몽은 **인간의 능력, 특히 이성으로 모든 것을 이해할 수 있는 힘**을 뜻합니다. 따라서 계몽주의란 **인간의 능력으로 뭐든 할 수 있다고 생각하는 입장**이라고 말할 수 있습니다.

근대 이전의 사회에서는 기독교의 힘이 강했습니다. 이 때문에 올바른 지식과 그 지식을 바탕으로 사람을 지배하는 능력은 모두 **신의 계시**로 주어진다고 생각했지요. '왕권신수설'에 힘입어 왕의 지배권도 신으로부터 부여받은 권리라고 여겼습니다. 그러나 이 불합리한 발상 때문에 교회나 전제 왕권 국가의 압제도 허용되었습니다. 이것이 인간 능력으로 무엇이든 가능하다고 외치는 계몽주의가 등장한 배경입니다. 계몽주의는 **인간이 스스로 올바른 지식을 얻을 수 있고, 그 지식에 근거해 스스로 통치할 수 있다고 주장하**

기에 이르렀습니다.

계몽주의가 가장 융성한 시대는 18세기 유럽이었고, 그 발상지는 영국이었습니다. 로크Locke로 대표되는 계몽사상가들이 전제 왕권 국가나 교회의 지배에서 벗어나 스스로 통치하려는 시민사회를 형성하는 데 이론적 기초를 제공했습니다. 이런 계몽주의가 널리 확산된 곳이 프랑스입니다. 프랑스에서는 볼테르[+], 몽테스키외[++], 루소 등의 계몽사상가들이 활약했습니다. 몽테스키외의 '제한군주제'나 루소의 '인민주권' 사상도 퍼지기 시작했지요. 이들의 공통점은 **이단을 박해하는 종교의 불관용에 저항하고 절대왕정에 대항하는 것**입니다. 이런 그들의 저항은 훗날 프랑스 혁명으로 결실을 맺었습니다.

+ **볼테르**Voltaire, 1694~1778: 프랑스의 철학자. 본명은 프랑수아 마리 아루에François-Marie Arouet다. 반권력의 입장에 서서 계몽사상을 보급하는 데 노력했다. 저서로는 《캉디드Candide》, 《관용론Traité sur la Tolérance》 등이 있다.

++ **샤를 루이 드 세콩다 몽테스키외**Charles-Louis de Secondat Montesquieu, 1689~1755: 프랑스의 계몽사상가. 삼권분립론으로 유명하다. 저서로는 《법의 정신De L'Esprit des Lois》, 《로마의 융성과 쇠퇴의 원인에 관한 고찰Considérations sur les Causes de la Grandeur des Romains et de leur Décadence》 등이 있다.

형이상학

㊞ 形而上學 ㉯ metaphysics

㊦ 자연의 원리를 도외시하고 존재의 근본을 생각하는 학문

"모든 사물을 **형이상학**적 시점에서 논의할 수는 있지만, 자칫 논의가 추상적으로 빠질 우려가 있다."

형이상학의 어원은 '메타피지카metaphysica'입니다. 이것은 **'자연학physica 뒤meta'**라는 뜻으로, **아리스토텔레스의 강의록을 편찬하는 과정에서 생겨난 용어**입니다. 다시 말해, 자연학에 관한 서적 뒤에 자연학 이외의 분야와 관련된 강의록을 배치했기 때문에 단순히 '자연학 뒤'라고 칭한 것이지요. 메타피지카는 **세계의 궁극적 근거를 연구하는 학문**이라고 할 수 있습니다.

아리스토텔레스의 철학에서는 존재를 주제로 한 학문이 '제1철학'입니다. 그리고 중세 기독교 교회는 '제1철학'을 토대로 초자연적인 존재를 설명했지요. 그들 덕분에 메타피지카의 메타에 '초월하다'라는 뉘앙스가 더해졌습니다. 이로써 메타피지카는 **'초자연학'**이라는 의미를 지니게 되었습

니다.

초자연적 원리를 토대로 자연을 분석하려는 학문이 메타피지카, 즉 형이상학입니다. 요컨대 자연의 원리를 무시하고 사물을 추상적이고 본질적으로 생각하려는 것입니다. 그 때문에 **형이상학은 우주의 탄생을 자연의 원리로 분석하지 않고, 신의 의지나 인간의 정신을 통해 논하려 합니다.**

계몽주의 시대를 거치고 근대에 들어서 비로소 사람들이 실증적인 사고를 추구하게 되자실증주의, 초자연적인 사고를 추구하는 형이상학은 쓸모없는 학문의 대명사가 되었습니다. 덧붙여 '형이상'의 반대말은 '형이하'입니다. 형이상이 정신적인 것을 의미한다면, **형이하는 물질적인 것**을 뜻합니다.

실증주의

㊥ 實證主義 ㊎ positivism

㊟ 과학적으로 증명할 수 있는 지식만 옳다는 입장

"이렇게 과학적 근거를 요구하다니 너무 **실증주의**적인 거 아냐?"

실증주의는 과학적 지식만을 인정하려는 입장을 말합니다. 17세기 과학혁명 이후 과학에 대한 신빙성이 높아진 데 영향을 받았습니다. 따라서 실증주의는 17세기 이전을 지배했던, 경험에 근거하지 않는 형이상학적 전통을 배제하려 했습니다. 과학적으로 증명할 수 있는 지식만이 옳다고 주장했지요.

실상 19세기의 사회학자 콩트✦가 실증주의의 체계를 세웠습니다. 그는 실증주의의 내용을 여섯 가지로 제시했습니다. **현실적일 것, 유용할 것, 확실할 것, 정확할 것, 조직**

✦ **오귀스트 콩트**Auguste Comte, 1798~1857: 프랑스의 사회학자. 질서와 진보를 내세우고 사회학을 창설했으며, 실증주의 철학을 주창했다. 저서로는 《실증철학 강의Cours de Philosophie Positive》, 《실증적 정신론Discours sur L'Esprit Positif》 등이 있다.

적일 것, 상대적일 것. 지식은 **경험을 토대로 한 현실적인 것**이어야 하며, 그러므로 **유용해야 합니다.** 그러기 위해서는 **확실성과 정확성**도 필요합니다. 조직적이어야 한다는 것은 형이상학처럼 주관적인 고찰의 결과와 객관적인 고찰의 결과를 별개로 생각하는 것이 아니라, **인간 존재를 한 덩어리로 이해해야 한다는 것**입니다. 그리고 상대적이어야 한다는 것은 형이상학의 위상을 절대적이라고 생각하지 않고, **형이상학 자체도 하나의 대상**으로 보려는 것입니다. 이처럼 체계화된 실증주의의 입장은 훗날 다양한 분야로 계승되었습니다.

반증 가능성

㊥ 反證 可能性 ㊓ falsifiability

㊕ 거짓임을 증명할 수 있는 가능성

"그 학설을 과학이라고 주장하려면 **반증 가능성**이 있어야 해."

반증 가능성은 포퍼✦가 주창한 개념이며, **실험이나 관찰을 통해 거짓임을 증명할 수 있는 가능성**을 말합니다. 포퍼는 거짓임을 증명할 수 있는 이론만이 과학적인 이론이라고 말했습니다. 일반적으로 과학이라고 하면 객관성을 지녔다는 선입관이 있습니다. 하지만, 포퍼에 따르면 애초에 객관성을 지닌 과학은 존재하지 않습니다. 우리가 과학이라고 생각하는 것은 현시점에서 아직 반증되지 않은 가설에 불과합니다. 따라서 **어떻게든 반증할 수 있는 확실한 가능성이 있어야만 진정한 의미의 과학**이라고 할 수 있습니다.

✦ **칼 포퍼**Karl Popper, 1902~1994: 영국의 철학자. 비판적 합리주의로 널리 알려졌으며, 전체주의를 비판했다. 저서로는 《열린 사회와 그 적들The Open Society and Its Enemies》, 《과학적 발견의 논리The Logic of Scientific Discovery》 등이 있다.

이런 의미에서 **어떤 방법으로도 진실과 거짓을 알 수 없는 이야기는 비과학적**입니다. 예를 들어 '이 세상은 신이 창조했다'라는 주장은 애초에 실험이나 관찰로 그것이 거짓임을 증명하는 일이 불가능합니다. 따라서 이 주장은 반증 불가능하기 때문에 과학이라고 할 수 없습니다. 반대로 논리적인 실험이나 관찰을 통해 모순되는 사항을 제시할 수 있다면 그 이론은 반증 가능하다고 할 수 있습니다.

관념론

Ⓗ 觀念論 Ⓦ idealism

Ⓣ 세상은 우리 머릿속에서 만들어졌다는 개념

"세상의 모든 현상을 머리로만 이해할 수 있다고 생각한다면 큰 착각이야. 그건 너무 **관념론**만 앞세우는 거라고."

일반적으로 **관념론은 사물의 존재가 우리의 주관, 즉 인식에 근거를 둔다**는 데카르트의 사상에서 출발합니다. 관념론에 따르면, 세상은 우리가 머릿속에서 만들어 낸 존재에 불과합니다. 관념론의 입장에서 극단적으로 말하자면 **세상의 존재는 모두 관념의 집합체**일 뿐입니다. 그렇다면 인간이 모든 사물을 만들어 냈다는 뜻이기 때문에, 인간이 이해할 수 없는 것은 없다는 말이 됩니다. 반면 **실재론**은 사물의 존재와, 그 존재를 우리가 인식하는 문제를 나누어 생각합니다. 즉 **우리가 세상을 어떻게 파악하건 세상은 그와 별개로 존재한다**는 것입니다. 의식과 주관으로부터 독립하여 세상을 객관적으로 파악하는 것, 그것이 실재론입니다.

덧붙여 철학계에는 **'독일관념론German idealism'**이라는 유

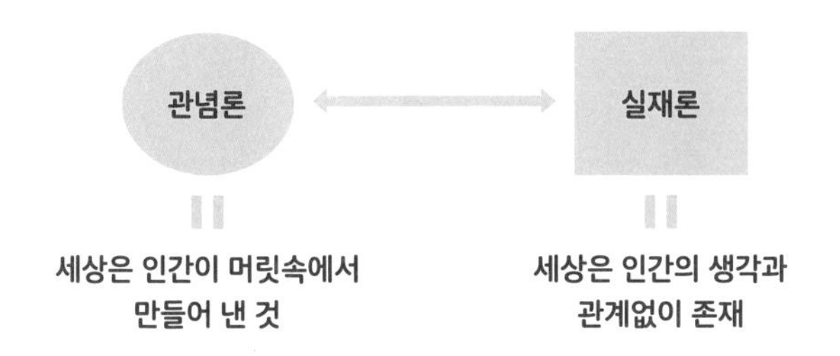

명한 입장이 있습니다. 독일관념론은 18세기 후반에서 19세기 초반에 걸쳐 독일에서 융성한 철학 사상의 한 갈래입니다. 특히 칸트의 영향을 받은 피히테✦, 셸링✦✦, 헤겔의 사상을 말합니다. 이들은 공통적으로 **인간이 주관, 즉 이성을 통해 사물을 이해한다**고 생각했습니다.

✦ **요한 고틀리프 피히테**Johann Gottlieb Fichte, 1762~1814: 독일의 철학자. 지식학을 구축했다. 저서로는 《전지식학의 기초Grundlage der gesamten Wissenschaftslehre》, 《독일 국민에게 고함Reden an die deutsche Nation》 등이 있다.

✦✦ **프리드리히 셸링**Friedrich Schelling, 1775~1854: 독일의 철학자. 독자적인 자연철학을 펼쳤다. 저서로는 《나의 철학 체계의 서술Darstellung meines Systems der Philosophie》, 《인간적 자유의 본질Philosophische Untersuchungen über das Wesen der menschlichen Freiheit》 등이 있다.

합리론

㉸ 合理論 ㉯ rationalism

㉰ 이성에 따라 생각하면 무엇이든 이해할 수 있다는 입장

"무엇이든 이성으로 이해할 수 있다는 주장은 **합리론**적이야."

합리론은 합리주의라고도 합니다. 일상에서 합리주의라고 하면 무엇이든 합리적으로 생각하는 것이 좋다는 효율 지상주의의 사고방식을 가리킵니다. 그러나 철학에서 말하는 합리주의란 **이성적, 논리적, 필연적인 것을 중시하는 철학적 태도에 기초하여 사고하거나 행동하는 것**을 의미합니다. 'rationalism'이라는 단어는 이성을 뜻하는 라틴어 'ratio'에서 유래했습니다.

합리론은 프랑스의 데카르트, 네덜란드의 스피노자, 독일의 라이프니츠 등 주로 유럽 대륙의 철학자들에 의해 전개되었습니다. 이 때문에 '대륙합리론continental rationalism'으로 불리기도 합니다.

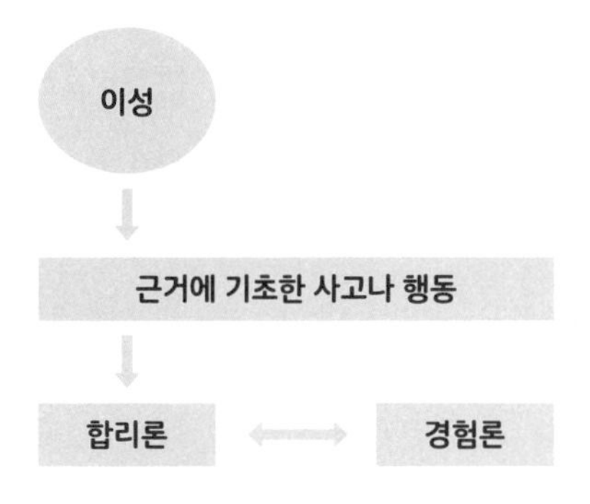

16세기에 합리론이 경험론과 명확히 대립하기 시작하면서 합리론이라는 말이 널리 알려지기 시작했습니다. 경험론이란 **인간이 사물을 이해하려면 경험이 필요하다는 입장**입니다. 이에 비해 합리론은 그런 경험을 거치지 않고서도 **사물을 인식할 수 있는 능력이 인간에게 선천적으로 갖춰져 있다**고 생각합니다. 즉 이성을 통해 차근차근 사고하면 무엇이든 이해할 수 있다는 것이지요.

생득관념

㊅ 生得觀念 ㊊ innate idea

㊈ 태어날 때부터 갖고 있는 지식

"**생득관념**을 믿느냐 안 믿느냐에 따라 교육 방법이 달라진다."

생득관념은 인간이 태어날 때부터 가지고 있는 지식을 말합니다. 생득관념에 관한 가장 유명한 논의는 데카르트의 합리론과 로크의 경험론의 대립입니다.

데카르트는 **인간은 태어날 때부터 어떠한 지식을 가지고 있다**고 생각했습니다. 그 지식을 통해 자연의 원리를 알아낼 수 있다고 했지요. 그리고 그러한 자연의 원리가 옳은지 그른지 판단하는 근거는 **신의 존재**에서 찾을 수 있다고 주장했습니다. 데카르트는 불완전한 인간이 완전한 존재인 신을 상상하거나 만들어 낼 수 있을 리 없으므로, 신은 인간이 상상으로 만든 존재가 아니라 정말로 존재하고 있는 실체라고 생각했습니다. 그리고 이 **신이라는 궁극의 근거가 인간에게 올바르게 판단할 수 있는 능력을 부여**했기 때문에, 인간의 타고난 지식은 항상 옳게 작용한다고 했지요.

이에 이의를 제기한 사람이 경험론자 로크였습니다.

그는 **경험이야말로 마음에 지식을 새기는 요소**라고 주장했습니다. 사람은 백지처럼 하얀 마음에 경험한 바를 그려 넣음으로써 비로소 지식을 얻을 수 있다고 생각한 것입니다. 이처럼 로크는 생득관념의 존재를 부정했습니다.

경험론

㉠ 經驗論 ㉯ empiricism

㊝ 모든 지식이 경험에서 나온다는 생각

"조금만 생각해 보면 알 수 있는데 너는 해 보지 않고서는 모르는 일이라고 고집하니 정말 철저한 **경험론자**군!"

일찍이 시민혁명을 달성하며 현실 사회와 싸워야만 했던 영국에서는 **'인간은 경험으로 세상을 인식한다'**는 생각이 널리 퍼져 있었습니다. 이런 개념을 **경험론** 또는 **경험주의**라고 합니다. 또한, 대륙합리론과 대비해서 '영국경험론'이라고 부르기도 합니다. 경험론의 창시자는 프랜시스 베이컨Francis Bacon입니다. 그는 경험적 관찰로 구체적인 사례를 수집한 다음, 이 사례를 근거로 자연 전체를 해석했습니다.

그는 **"아는 것이 힘이다."**라는 유명한 말을 남겼습니다. 이 말은 **관찰을 통해 자연을 이해해야 자연을 극복**할 수 있고, 그렇게 해야 결과적으로 인간의 생활을 발전시킬 수 있다는 의미입니다. 지식의 근원을 오직 경험에서 찾는 철학적 입장이지요. 베이컨은 **경험을 쌓아야 인간의 관념이 형**

성된다고 보았습니다.

이 견해를 받아들여 경험론을 확립한 사람은 영국의 철학자 로크Locke입니다. 그는 데카르트의 생득관념을 부정하고, 타불라 라사 같은 사람의 마음에 경험이 그려 넣어짐으로써 관념이 형성된다고 말했습니다. 이처럼 **지식은 감각으로 얻은 것을 고찰한 결과 생기는 관념**입니다.

그 후 '존재하는 것은 지각되는 것이다'라고 주장한 버클리✦와 그보다 더 철저하게 모든 존재물을 '지각의 묶음'에 불과하다고까지 표현한 흄✦✦ 등의 사상가가 경험론을 계승했습니다.

✦ **조지 버클리**George Berkeley, 1685~1753: 아일랜드의 철학자·성직자. 물질의 객관성을 부정하고, 지각에 기초한 독자적인 관념론을 주창했다. 저서로는 《인지원리론Treatise concerning the Principles of Human Knowledge》, 《시각신론An Essay towards a New Theory of Vision》 등이 있다.

✦✦ **데이비드 흄**David Hume, 1711~1776: 스코틀랜드 출신의 철학자. 경험론을 발전시키고 회의론을 주창했다. '지각의 묶음'이라는 표현으로 유명하다. 저서로는 《인간본성론A Treatise of Human Nature》, 《도덕 원리 탐구An Enquiry Concerning the Principles of Morals》 등이 있다.

초월론적

㊥ 超越論的 ㉠ transcendental

㉡ 경험 너머의 사물을 인식하기 위한 것

"인간이 경험할 수 없는 문제, 가령 신을 인식할 수 있느냐 없느냐 하는 문제는 **초월론적**으로 고찰할 필요가 있다."

인간이 경험할 수 있는 영역을 넘어서는 인식을 '초월적'이라고 합니다. '세상의 시초'나 '신의 존재 여부' 같은 문제 말이지요. 그러나 초월적 인식에는 한계가 있습니다. 칸트는 그런 인식의 한계를 지적하며, 인간이 경험 없이 사물을 인식할 수 있는 가능성의 조건을 밝혔습니다. 즉, 인간은 특정 조건하에서라면 경험을 거치지 않고 사물을 인식할 수 있다는 것이지요. 칸트는 경험 없이 사물을 인식할 수 있는 상황을 아프리오리라고 불렀습니다. 따라서 어떻게 아프리오리를 통해 인식할 수 있을지 탐구하는 것은 '초월론적'입니다. 칸트의 철학을 초월론철학Transzendentalphilosophie이라고 부르는 것은 그 때문입니다.

요컨대 초월론은 인간이 사물을 인식하기 위한 방법론입

니다. 그리고 그 방법론을 생각하는 것이 칸트의 철학입니다. 한편, 후설✦은 초월론적이라는 말에 또 다른 의미를 부여했습니다. 그는 대상을 단순히 인식하는 것이 아니라, 철학적으로 인식하는 태도를 초월론적이라고 표현했습니다.

✦ **에드문트 후설**Edmund Husserl, 1859~1938: 오스트리아 출신의 철학자. 지식의 현상을 그대로 기술하는 현상학의 창시자. 저서로는 《엄밀한 학문으로서의 철학Philosophie als strenge Wissenschaft》, 《이덴Ideen》 등이 있다.

인식론

㉿ 認識論 ㉾ epistemology

㊈ 인간 지식의 가능성을 탐구함

"초능력을 믿냐고? 인간 지식의 가능성에 대해 탐구하는 **인식론**의 문제로 흥미롭게 생각할 수 있겠군."

인식론은 **인식의 성질과 한계를 탐구**합니다. 요컨대 **지식의 가능성**을 탐구한다고 할 수 있지요. 진정한 지에 이르는 것은 자신의 무지를 자각하는 데 있다고 강조한 소크라테스의 '무지의 지'처럼, 고대 그리스 시대부터 인간의 지식을 둘러싼 다양한 고찰이 있었습니다. 그러나 인식의 성질을 명확한 형태로 논의하기 시작한 것은 **데카르트의 합리론과 로크의 경험론이 대립하면서부터**입니다. 이들은 인간에게 타고난 지식이 있는지에 대해 논쟁했습니다. 합리론은 인간에게 생득관념이 있다고 주장했지만, 경험론은 생득관념이 없다고 주장했지요. 관념은 경험을 통해 마음속에 그려지기 때문이라는 것입니다.

한편 칸트는 인간이 어디까지 알 수 있는지를, 즉 **지식의**

한계를 탐구했습니다. 그는 '현상'과 '물자체物自體'를 구별했습니다. **현상은 우리의 경험을 통해 알 수 있는 것**을 말합니다. 예를 들어, 우리가 보는 '빨간 사과'는 우리의 시각과 인지능력으로 경험한 현상이지요. 그러나 **그 경험을 가능하게 하는 전제**, 즉 우리가 인식하는 '빨간 사과'의 진정한 실체는 우리의 감각으로는 인지할 수 없는 것입니다. 그것이 바로 '물자체'입니다. 물자체는 우리 지식의 한계라고도 할 수 있습니다.

범신론

㉻ 汎神論 ㉯ pantheism

㊫ 모든 곳에 신이 깃들어 있다는 생각

"아침 이슬에도 신이 깃들어 있다는 생각은 **범신론**이다."

범신론은 **모든 곳에 신이 깃들어 있다는 생각**을 말합니다. 자연이 곧 신이고, 신이 곧 자연이라고 생각하며 우주의 모든 것을 신으로 바라보는 개념이지요. 이런 사상은 고대부터 존재했지만, 일신교一神教인 기독교로부터는 줄곧 이단 취급을 받았습니다.

근대의 범신론자로 유명한 사람은 스피노자✦입니다. 그는 **신을 자연과 마찬가지로 필연적 존재**라고 생각했습니다. 자연의 법칙은 인간의 목적에 의해 좌우되지 않습니다.

✦ **바뤼흐 스피노자**Baruch Spinoza, 1632~1677: 네덜란드의 철학자. 대륙합리론으로 분류된다. 데카르트의 이원론에 반대한 철학자로 손꼽히며, 범신론을 주장했다. 세계의 모든 것을 '하나'라고 주장하며, 세상은 자연의 무한본질적 법칙에 의해 존재하고 생성된다고 이야기했다. 저서로는 《에티카Ethica》, 《신학정치론Tractatus Theologico-Politicus》 등이 있다.

자연은 인간의 생활에서 아무런 영향을 받지 않고, 항상 우리 주변에 존재할 뿐입니다. 그런 의미에서 자연은 필연적입니다. 스피노자는 신의 존재도 이와 마찬가지라고 주장했습니다. 따라서 범신론에 의하면, **신과 자연은 동일한 존재의 각각 다른 측면**입니다.

그 후 범신론은 18세기 후반에서 19세기 초반에 걸쳐 융성한 독일관념론에 강한 영향을 끼쳤습니다. 그들은 신과의 관계에서 자아를 어떻게 이해할 것인가에 관해 논의했습니다.

집단 무의식

㉻ 集團無意識 ㉻ collective unconsciousness

㉻ 인간이 공통적으로 지니고 있는 무의식

"**집단 무의식**의 존재를 인정하느냐 하지 않느냐 따라 정신 질환 치료법은 크게 달라진다."

집단 무의식은 개인적인 경험을 넘어, **집단이 공통적으로 지니고 있는 무의식**을 말합니다. 이는 융Jung의 분석심리학 개념입니다. 정신분석학의 아버지 프로이트는 무의식적인 행위가 개인의 경험이나 기억에서 유래한다고 주장했습니다. 이른바 **개인 무의식**personal unconsciousness의 존재를 발견한 것이지요. 당시 프로이트의 제자였던 융은 **개인 무의식의 깊숙한 곳에 집단 무의식이 자리하고 있다**고 주장했습니다.

이 말은 곧 멀리 떨어진 지역의 각기 다른 문화에서 같은 신화를 공유하거나, 정신 분열증 환자가 이전에 경험한 적 없는 심상을 품고 있는 이유는 집단 무의식 때문이라는 것입니다. 이런 집단 무의식의 내용을 가리켜 '**원형**archetype'이

라 부릅니다.

원형은 인간이 공통적으로 갖는 정신의 틀 또는 질서입니다. 이것이 의식으로 나타나면 압도적인 영향력을 발휘하게 됩니다.

즉자/대자/ 즉자적 대자

㉾ 卽自 / 對自 / 卽自對自 ㉹ Ansich / Fürsich / An-und-Fürsich

㉿ 그대로의 / 그에 대항하는 / 완전한

"노력하기 전의 자신이 **즉자**이고 노력하기 시작한 자신이 **대자**라면, 노력을 결실로 성장시킨 자신은 **즉자적 대자**라 할 수 있다."

고대 그리스 시대 이후 단순히 사물의 존재를 나타내는 말이었던 용어에 특별한 의미를 부여한 사람은 헤겔이었습니다. 이들 용어는 사물이 발전하는 과정을 표현합니다. 즉자는 **사물의 원래 상태, 다른 것과 관계가 없는 있는 그대로의 상태**를 가리킵니다.

대자는 **그 사물이 원래 상태에서 다른 형태로 바뀌는 것을 가리킵니다.** 모든 사물은 영원불변의 존재가 아니라 반드시 변화합니다. 내부에 품은 모순을 원동력으로 변화해 가는 것입니다. 대자는 이러한 모순을 드러내며 원래 상태에 대항한다는 의미입니다. 그리고 즉자적 대자는 **사물이 원래 상태에 맞서 완전한 상태로 정리되는 모습**을 나타냅니다. 존재와 인식의 최고 단계지요. 사실 이 과정은 헤겔의 가장 기본적인 사고법인 변증법dialectic의 과정을 고스란히 다른 형태로 표현한 것뿐입니다.

덧붙여 사르트르도 즉자와 대자라는 표현을 사용했는데, 이는 헤겔의 용법과 의미가 다릅니다. 사르트르에 의하면, 사물은 있는 그대로의 상태로 존재하므로 즉자입니다. 하지만 인간은 의식이 항상 자신에게 향하므로 대자입니다. 즉 인간은 **항상 자신의 행위를 의식한다**는 점에서 사물과는 다릅니다. 그리고 자신의 존재를 의식한다는 것은 인간이 사물과는 달리 **아직 완성되지 않았고, 앞으로 변화해 나갈 가능성을 지녔다**는 뜻입니다.

주지주의 / 주의주의

㉿ 主知主義 / 主意主義 ㉥ intellectualism / voluntarism

㉦ 사물을 이해하는 데 의지를 중시하지 않는 입장 / 사물을 이해하는 데 의지를 중시하는 입장

"마음이 아닌 머리가 시키는 일을 **주지주의**, 머리가 아닌 마음이 시키는 일을 **주의주의**라 할 수 있다."

주지주의는 **지성이 의지보다 우위에 있다**는 주장이고, 주의주의는 **의지가 지성보다 우위에 있다**는 주장입니다. 원래 이 둘의 대립은 중세 기독교 내에서 이루어졌습니다. 그러니 당시 양쪽의 대립은 철학과 신학의 우위를 둘러싼 대결로 바꾸어 볼 수 있습니다. 왜냐하면 신을 이해하는 데 사고와 마음 중 무엇이 중요하냐는 물음은 **사고를 중시하는 철학과 마음을 중시하는 신학의 주도권 분쟁**이라고 할 수 있기 때문입니다.

근대에 들어서 이 양쪽의 대립은 조금 다른 양상을 띠기 시작했습니다. 주지주의는 주관적인 의지가 없어도 사물을 인식할 수 있다고 주장했습니다. 이에 비해 주의주의는 의지를 토대로 하지 않으면 사물을 인식할 수 없다고 주장했

습니다.

요컨대 **주지주의는 사물을 이해하는 데 의지의 역할을 중시하지 않았고, 주의주의는 의지의 역할을 중시했습니다.** 그런 점에서 자유로운 인간의 의지로 사회의 의미를 만들어 낼 수 있다는 사고가 주류가 된 근대 계몽주의 시대는 주의주의가 우위에 있던 시대라 할 수 있습니다.

순수지속

㉿ 純粹持續 ㉯ durée pure ㉹ 마음속의 시간 감각

"벌써 20년이나 지났는데, 여기에만 오면 이상하게도 그 시절의 나로 돌아가는 것 같아. 이것이 **순수지속**이라는 거겠지."

순수지속은 베르그송✦ 철학의 특징을 보여 주는 시간에 관한 개념입니다. 우리가 한 시간, 두 시간이라고 말하듯 일반적으로 시간이라는 것은 일직선의 시계열상에서 양적으로 측정할 수 있다고 생각합니다. 그러나 베르그송에 의하면, **시간은 양적이라기보다 인간 내면에 자리한 직관적인 것**입니다. 이는 즉 **마음속 시간, 직관에 의한 진정한 '시간 경험'**을 뜻하지요. 달리 말하면, 매 순간은 별개의 것이지만 내면에서는 매 순간이 서로 이어져 일부의 시간이 전체를

✦ **앙리 베르그송**Henri Bergson, 1859~1941: 프랑스의 철학자. 생명 진화의 근원적인 힘으로 엘랑 비탈Élan vital(생명의 비약) 개념을 제시했다. 인간의 생명을 중요하게 여겼던 '생명철학'을 주장했고 '있다'는 것은 경험과 체험을 통해 느낌만으로도 알 수 있다고 주장했다. 저서로는 《시간과 자유의지Essai sur les Données Immédiates de la Conscience》, 《창조적 진화L'Évolution Créatrice》 등이 있다.

투영하는 형태로 존재합니다. 즉 시간은 멜로디와 같습니다. 새로운 음이 멜로디에 더해지면 전체 분위기가 바뀌는 것과 같지요.

그럼에도 불구하고 우리는 마치 수치를 더하듯 단순하게 음을 더한다고 인식합니다. 베르그송에 따르면, 이는 시간을 공간처럼 파악하기 때문입니다. 공간은 측정할 수 있습니다. 1제곱미터를 추가하면 그만큼 공간이 넓어집니다. 하지만 시간은 그렇지 않습니다. 우리에게 주어진 '하루'라는 시간을 더하거나 뺄 수 없으니까요.

이처럼 시간 개념을 다른 방법으로 이해하면 과거는 단지 지나가 버린 시간이 아닙니다. 기억은 과거의 사건이 아닙니다. **기억을 떠올리는 현재에 그 과거가 되살아나는 것**입니다. 이때 기억은 머릿속에 잠들어 있다가 튀어나오는 것이 아니라, 과거에 그대로 존재하는 것입니다. 이런 시간 개념을 전제로 베르그송은 독자적인 진화론을 펼쳤습니다. 그것은 바로 **'엘랑 비탈'**Élan vital(생명의 비약)입니다. 베르그송은 생명이 결코 단선적으로 진화하지 않고 여러 방향으로 비약하며 진화한다고 생각했습니다.

상호주관성

㉻ **相互主觀性** ㉾ Intersubjectivity
㉿ 자신과 다른 사람의 주관 사이에서
서로 인정할 수 있는 공통적인 성질

"인간은 제멋대로 사물을 판단하는 동물이기 때문에 함께 살아가는 '사회'에서는 특히 **상호주관성**이 필요하다."

상호주관성은 **여러 주관을 서로 얽히게 함으로써 명확한 객관을 얻을 수 있다**는 개념입니다. 이는 후설이 주창한 현상학의 기본 개념이기도 합니다. 그 이전에는 주관이 개인적인 것이라고만 생각했습니다. 그러나 후설에 의하면, 주관은 개인적인 것에 그치지 않습니다. 그는 세계가 자신의 의식으로 그려진다고 말했습니다. 이때 자기 나름대로 생각한 세계상을 갖게 되는데, 각자의 주관을 다른 사람과 공유하기란 어려운 일입니다. 하지만 원래 자신의 인식이란 상대의 주관과 얽히면서 공동으로 형성되는 법이지요. 요컨대 후설은 **서로의 주관을 맞부딪친 후, 그곳에서 서로가 공통적으로 받아들일 수 있는 객관적인 세계를 찾아낼 수 있다**고 생각했습니다.

풋살

심정

㉿ 心情 ㉹ Gesinnung

㉻ 사회 안에서 사람들이 가지는 태도와 마음가짐

"헤겔의 **심정**이 오늘날처럼 글로벌화된 세계에 관철된다면 세상이 어떻게 변할지 생각해 봤어?"

'심정'은 헤겔이 사용한 개념으로, 사회 안에서 사람들이 갖는 태도를 말합니다. 헤겔은 **각 공동체마다 독특한 유형의 마음가짐이 서로 연결되어 있다**고 보았습니다. 가족이라는 공동체에는 사랑이, 시민사회라는 공동체에는 성실이, 국가라는 공동체에는 애국심이 관철되어 있다는 것입니다. 사회는 단지 냉정한 제도 덩어리가 아니라, 사람이 만들어 내고 사람이 활동하는 장소입니다. 이처럼 **사회제도를 인간의 정신적인 면과 함께 파악하는 것이 헤겔 사상의 본질**입니다. 그런 의미에서 '심정'은 헤겔의 사상, 특히 그의 사회철학을 뒷받침합니다.

표상

㉻ 表象 ㉾ representation

㉿ 바깥으로 표현된 마음의 이미지

"무엇을 그릴지 모르겠다는 사람은 마음속의 **표상**을 그대로 그려 보는 게 어떨까?"

표상은 **인간이 마음속에 품은 이미지이자, 이것이 바깥으로 표현된 형태**를 가리킵니다. 그러나 철학사에서는 여러 가지로 해석되어 왔습니다. 예를 들어 아리스토텔레스는 **감각과 사고 사이에 표상**을 두었습니다. 표상은 감각에 의해 생기는 것이고, 사고는 그 표상을 토대로 이루어지는 것이기 때문입니다.

로크는 **표상이란 지성이 품는 대상**이라고 이해했습니다. 그런 의미에서는 경험에 의해 인간이 품는 '관념'과 동의어입니다. 그리고 칸트는 표상이라는 말을 다양한 의미로 사용했습니다. **감각을 주관에 관한 표상**으로 이해하고, **인식을 객관적 표상**으로 이해했습니다. 어떤 의미에서 칸트에게는 의식의 내용이 모두 표상이라고 할 수 있습니다.

가상

㊞ 假想 ㊞ Schein ㊞ 오해

"평소에 사물의 본질이라고 믿고 있는 사항이 단순한 **가상**일지도 모른다고 의심해 보는 것도 중요하다."

가상은 **현실에 있는 듯 보이지만 실제로는 존재하지 않는 것**을 말합니다. 착각이나 오해를 뜻하기도 하지요. 칸트는 사물을 단순히 주관적으로만 파악한 결과를 가상이라고 불렀습니다. 주관적인 것을 객관적이라고 생각하게 되는 원인은 이 가상 때문입니다. 사실이 아니지만 사실처럼 보이는 현상인 가상에 의해 생각이나 사고에 혼란을 겪기도 합니다.

칸트에 의하면 가상에는 두 종류가 있습니다. 첫째는 **논리적 가상**입니다. 이것은 논리적 규칙을 착각해서 생겨나는 가상입니다. 따라서 주의를 잘 기울이기만 하면 해결할 수 있습니다. 둘째는 **초월적 가상**입니다. 초월적 가상은 해결하기가 쉽지 않습니다. 이것은 **인간 이성의 한계 때문에**

나타납니다. 그래서 아무리 주의를 기울인들 착각을 피할 수 없습니다.

예를 들어, 신의 존재 증명이 초월적 가상을 일으키는 문제에 해당합니다. 왜냐하면 신의 존재를 증명하는 일은 인간의 이성으로는 불가능하기 때문이지요. 따라서 이런 문제에 관한 착각은 아무리 주의를 기울여도 피할 수 없습니다.

심급

㊥ 審級 ㊙ instance ㊍ 판단의 단계

"일단 이 문제를 어느 **심급**에서 논의할지부터 확실히 정하자."

심급은 법원에서 진행되는 세 단계의 재판을 가리킵니다. 이를 삼심제도라고 합니다. 법에서 이야기하는 심급과 반대로 **철학에서 말하는 심급은 일반적인 판단의 단계나 수준을 의미**합니다. 각 단계마다 심급을 나눠 논의의 질과 급을 나누는 것입니다. 어떠한 판단이나 정의를 내릴 땐 저마다 판단의 기준을 두고 고민하게 되는데, 이를 심급으로 나누면 보다 편리한 답을 찾을 수 있습니다.

예를 들어 알튀세르✦는 **'경제가 최종 심급이다'**라고 주장했습니다. 이는 경제를 가장 높은 단계로 분류함으로써, **판**

✦ **루이 알튀세르**Louis Althusser, 1918~1990: 프랑스의 구조주의적 마르크스주의 철학자. 이데올로기 장치와 중층적 결정 등의 개념을 제시했다. 반인간주의, 반경계주의, 반경험주의와 반주체주의를 주장했다. 저서로는 《마르크스를 위하여Pour Marx》, 《자본론을 읽는다Lire le Capital》 등이 있다.

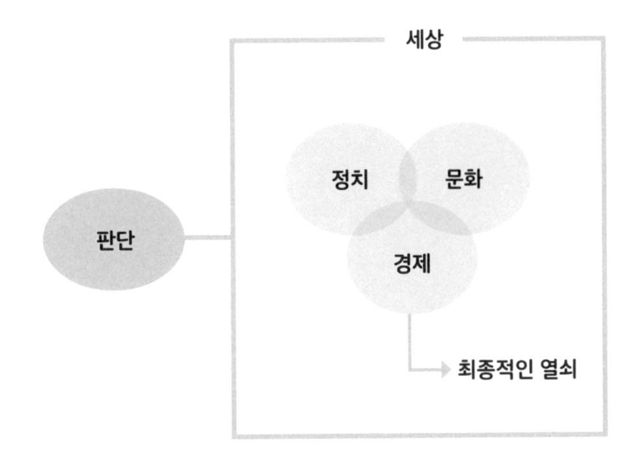

단을 내릴 때 경제가 많은 영향을 주도록 정의한 것입니다. 세상은 정치나 문화 등 다양한 요소에 의해 다층적으로 결정됩니다. 하지만 알튀세르에 따르면 경제가 마지막 열쇠를 쥐고 있다고 합니다. 이와 마찬가지로 어떠한 결정이나 의견을 나눌 때 가장 높은 심급이 되는 최종 심급을 무엇으로 정하느냐에 따라 논의의 결과가 달라질 수 있습니다.

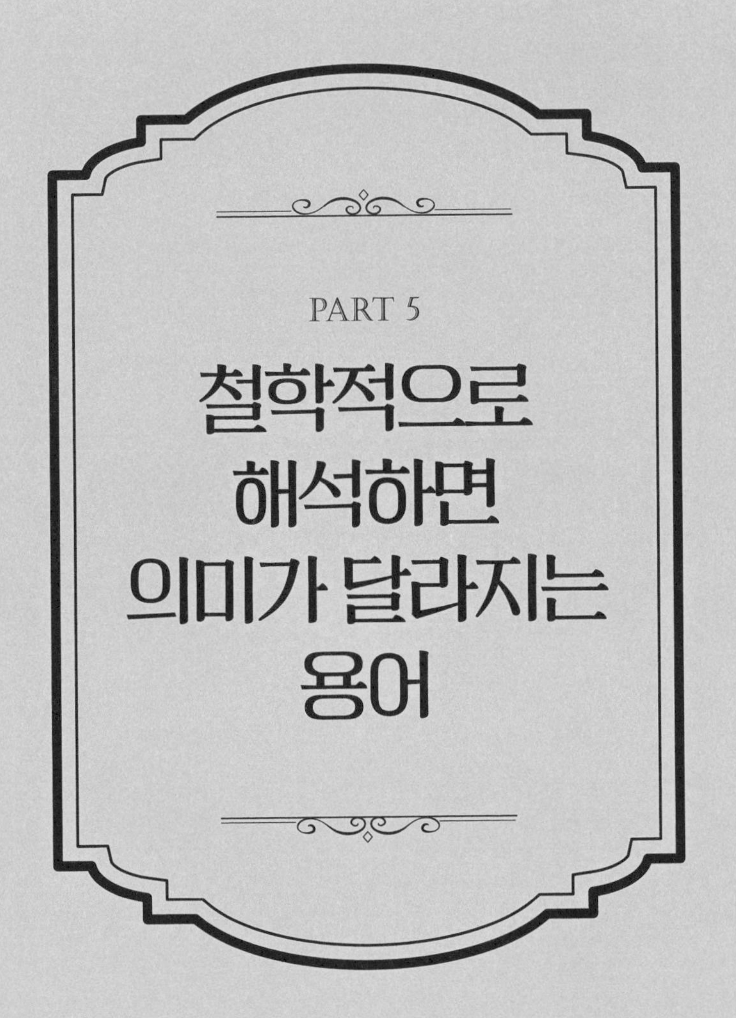

PART 5

철학적으로 해석하면 의미가 달라지는 용어

비판

㊒ 批判 ㊒ criticism ㊒ 본질을 음미함

"다양한 철학적 사고를 **비판**함으로써 본질에 더 가까워진다."

일반적으로 비판은 사람이나 사물의 잘못이나 결점을 지적한다는 의미입니다. 그러나 철학에서는 다른 의미로 사용합니다. 철학에서의 비판은 **학설의 토대가 되는 원리를 분석하고 그 성립 조건 등을 밝힌다**는 뜻입니다.

예를 들어 칸트의 3대 비판서인 《순수 이성 비판Kritik der reinen Vernunft》, 《실천 이성 비판Kritik der praktischen Vernunft》, 《판단력 비판Kritik der Urteilskraft》은 각각 '인간은 무엇을 알 수 있는가?', '인간은 무엇을 이룰 수 있는가?', '인간은 무엇을 욕망할 수 있는가?'를 묻습니다. 다시 말해 이 물음은 **'인간의 본질이란 무엇인가?'** 또는 **'인간의 한계는 어디인가?'**를 탐구하려는 작업이라 할 수 있습니다. 이처럼 비판은 부정하는 일이 아니라, 본질을 음미하는 일입니다.

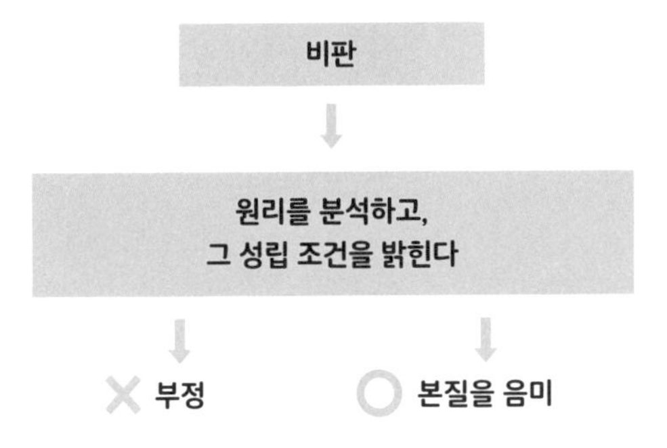

덧붙여 3대 비판서로 대표되는 칸트의 철학을 '비판철학critical philosophy'이라고 합니다. 비판철학은 칸트 이후에도 이어져서 신칸트학파Neo-Kantianism라는 거대한 흐름을 형성했습니다. 신칸트학파는 **과학과는 다른 철학 고유의 본질 탐구 행위를 중시**하는 사상입니다.

에로스

㉯ eros ㉱ 이상적인 상태를 추구하는 사랑

"진정한 사랑을 꿈꾼다면 자신만의 **에로스**를 지녀야 한다."

에로스라는 말을 들으면 대부분 성적인 욕망을 떠올릴지도 모릅니다. 하지만 철학에서의 에로스는 플라톤이 이야기한 사랑의 본질을 가리킵니다. 플라톤은 사물의 본질에 이데아라는 이상적인 상태가 존재한다고 말했습니다. **이 이상적인 상태를 추구하려는 마음**이 에로스입니다. 그런 의미에서 에로스는 '**순애**純愛'를 의미한다고 할 수 있습니다. 덧붙이자면, '플라토닉 러브Platonic love'라는 말은 이상적이고 관념적인 사랑을 말합니다.

이상적인 상태를 추구한다는 것은 **자신에게 모자란 부분을 채우고 충족감을 얻는 것**입니다. 플라톤은 사랑이 이런 성질을 지녔다고 이야기했습니다. 예를 들어 《향연Symposium》에는 얼굴이 둘이고 팔다리가 네 쌍인 안드로귀노스라는 인간이 등장합니다. 안드로귀노스는 남성과 여성의 모습을 모두 지닌 완전한 존재였습니다. 인간은 스스로 자만에 빠졌고, 이는 제우스의 시기와 분노를 사기에 충분했습니다. 제우스는 안드로귀노스를 반으로 쪼개 버렸습니다. 한 몸으로 붙어 있던 남성과 여성은 완전한 존재에서 불완전한 존재인 오늘날의 남자와 여자로 다시 태어났습니다. 따로 떨어진 두 몸은 다시 한 몸으로 만나고 싶기 때문에 서로를 원하게 되었지요. 이 이야기는 **남녀의 사랑이 서로의 부족한 부분을 채워 완전한 존재가 되고자 하는 열망이라는 암시**입니다.

이 외에도 철학에는 기독교의 무조건적인 사랑을 뜻하는 아가페, 우애를 뜻하는 필리아라는 사랑의 개념이 있습니다. 아가페는 상대방을 자신보다 더 사랑하는 것이고, 필리아는 상대방을 자신처럼 아끼고 사랑하는 것입니다. 반면, 에로스는 **상대방보다 자신을 더 사랑한다**는 점에서 차이가 있습니다.

반성

㉽ 反省 ㉾ reflection ㉿ 의식이나 세상의 상태를 음미함

"요즘은 하루 일과를 마친 뒤 **반성**의 시간을 갖고 있어. 자아 발전에 도움이 되는 것 같아."

일반적으로 반성은 자신의 언행을 뒤돌아보고 잘못된 부분을 고친다는 뜻입니다. 그러나 철학에서의 반성은 **자신의 의식이나 세상의 상태가 어떤지 음미한다**는 의미로 쓰입니다. 데카르트는 **마음속에 떠오르는 생각을 차례대로 의심하는 것**을 반성이라고 불렀습니다. 칸트의 독일관념론이라는 철학 조류에서 반성이란 **인간의 주관으로 세상을 설명한다**는 의미입니다. 즉 세상의 상태를 자신의 머릿속에서 음미하고 그 결과를 기술하는 행위가 반성입니다.

폴리스

㉯ polis ㉣ 고대 그리스의 도시 국가

"소규모 **폴리스**에 살고 있는 것이 아니라면 직접민주제를 도입하기는 무리다."

보통 폴리스가 경찰을 의미한다고 생각하기 쉽습니다. 그러나 철학에서는 고대 그리스의 도시국가를 뜻합니다. 폴리스에서는 시민이 민주제 아래에서 스스로 통치했습니다.

아리스토텔레스는 "인간은 본성상 폴리스적 동물이다."라고 말했습니다. 이 말은 **인간이 공동체를 형성해서 생활할 수밖에 없는 운명**이라는 뜻입니다. 경찰을 뜻하는 폴리스가 도시국가를 뜻하는 폴리스에서 유래했다는 것은 확실합니다. 경찰행정은 도시국가 행정의 일부이기 때문입니다.

예정조화

㉻ 豫定調和 ㉾ prästabilierte Harmonie

㉿ 처음부터 예정되어 안정된 상태

"아무리 격렬하게 토론해 봤자 이미 결론이 정해져 있는 **예정조화** 같은 회의는 지루할 뿐이다."

예정조화는 시간적 경과에 따라 예상대로 변화하고, 예상한 결과에 도달함을 의미합니다. 하지만 철학에서 말하는 예정조화는 **라이프니츠✦ 철학의 중심 사상을 나타내는 개념**입니다. 라이프니츠는 서로 영향을 끼치지 않는 모나드라는 물질로 우주가 이루어졌다고 생각했습니다. 그리고 우주가 통일된 질서 안에 있는 이유는 **신이 모나드 사이의 조화가 성립되도록 미리 예정했기 때문**이라고 말했습니다. 세계를 이루는 무수한 단자들은 서로 인과관계가 없지만, 신이 서로 조화할 수 있도록 창조했다는 것입니다. 이처럼

✦ **고트프리트 라이프니츠**Gottfried Leibniz, 1646~1716: 독일 출신의 철학자·수학자. 독자적인 모나드 개념으로 세상을 설명했다. 저서로는 《단자론Monadologie》, 《신정론Theodicy》 등이 있다.

미리 예정된 조화를 예정조화라고 부릅니다.

즉 라이프니츠는 어떠한 우연이나 과학적 운동 때문이 아니라, 신이 미리 예정했기 때문에 질서가 성립했다고 생각했습니다. 이런 예정을 이루기 위한 도구가 **모나드**입니다. 결과가 처음부터 예정되어 있다는 점이 핵심이라고 할 수 있습니다.

카테고리

㉯ category ㉳ 사물을 이해하기 위한 머릿속의 척도

"어떤 사물을 인식하기 위해서는 칸트가 말한 **카테고리**로 정리하는 것이 좋아. 가장 빠른 시간 안에 이해의 질을 높일 수 있지."

카테고리는 '범주範疇'라고 번역하며, 사물을 분류하는 기준이라고 이해할 수 있습니다. 그러나 철학에서 말하는 카테고리는 고대 아리스토텔레스의 《카테고리론Categories》을 가리킵니다. 여기서 카테고리란 **모든 존재자를 분류하는 상위 개념**이며 **실체, 양, 성질, 관계, 장소, 시간, 위치, 소유, 능동, 수동** 등 열 가지 항목으로 나뉩니다.

근대 이후에는 칸트의 '인식론적 카테고리'가 주를 이루었습니다. 칸트는 인간이 대상을 제대로 인식하려면 양, 질, 관계, 양상 등 네 가지 항목과, 이에 관한 각각의 세 가지 하위 카테고리가 필요하다고 말했습니다. 다시 말해 카테고리는 **인간이 사물을 이해하기 위한 머릿속의 척도**입니다.

따라서 철학에서의 카테고리는 어디까지나 **인식을 위한**

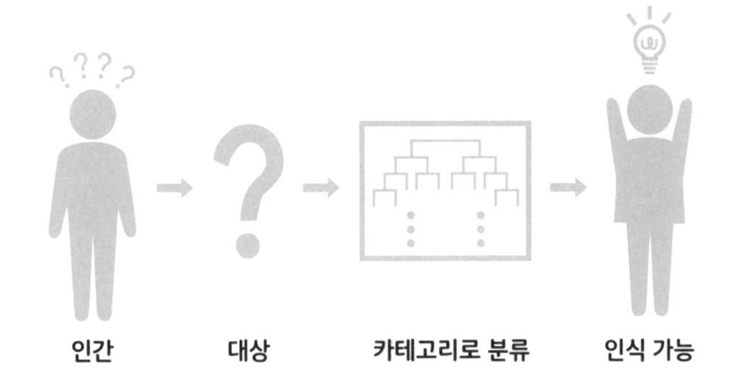

머릿속의 논리표일 뿐, 통상적인 의미의 카테고리보다 사용 범위가 좁다는 점에 주의해야 합니다.

정의

㉿ 正義 ㉾ justice ㉻ 사회의 평등

"사회 소외 계층에게 손을 내미는 복지 정책은 말 그대로 **정의**의 실천이라 할 수 있다."

일반적으로 정의는 '올바른 일'이라는 의미를 가지고 있습니다. 이 말은 고대 그리스 시대부터 다양한 형태로 논의되어 왔습니다. 예를 들어, 현대의 정의론에도 강한 영향을 끼친 아리스토텔레스는 **공동체 내의 타자와의 관계**로 정의를 이해하고, 정의의 본질을 **평등**이라고 말했습니다. 이때의 평등은 두 가지 의미를 나타냅니다.

첫째, '**교정적 정의**corrective justice'는 손해배상으로 피해를 복구하는 것처럼 파괴된 균형 상태를 원래대로 되돌린다는 의미의 평등입니다. 둘째, '**배분적 정의**distributive justice'는 재산을 배분한다는 의미의 평등입니다. 모든 사람이 자신의 가치에 맞는 재산을 가져야 한다는 것입니다. 아리스토텔레스의 정의 관념 중 하나인 배분적 정의를 현대에 와서 '공정한 것으로 여기는 정의' 형태로 다시 제시한 것이 존 롤스 John Rawls의 《정의론A Theory of Justice》입니다. 롤스는 공리주의를 토대로 재산을 배분하면 사회의 공정성을 달성할 수 없다고 이야기하며 정의론을 주창했습니다.

확실히 약육강식의 사회에서는 강한 자가 많은 재산을 소유하고 약한 자가 적은 재산을 소유합니다. 이래서는 정의라고 할 수 없지요. 그래서 고안한 것이 **'무지의 베일**veil of ignorance'이라는 사고실험입니다. '무지의 베일'은 **각 당사자의 개별적인 사정을 베일로 가린 상태에서 재산의 공정한 배분을 생각하자는 개념**입니다. 여기에서 롤스는 '정의의 두 원칙'을 제창했습니다. 즉 기본적인 자유는 누구나 원하는 만큼 누릴 수 있게 하고, 그 대신에 재산은 가장 빈곤한 사람이 최대의 이익을 얻을 수 있도록 배분하자는 것입니다. 그러나 롤스가 상정한 '개인'이 추상적이라는 이유로, 오히려 **공동체의 미덕을 토대로 빈곤한 사람에게 손을 내밀어야 한다**는 비판도 나왔습니다. 이것은 커뮤니테리어니즘의 입장에서 본 정의론인데, 자본주의가 벽에 부닥친 오늘날 다시 주목을 받고 있습니다.

명제

㊥ 命題 ㊎ proposition ㊫ 진위 판단 대상이 되는 문제

"논의할 때 가장 먼저 **명제**가 무엇인지 생각해야 한다."

보통 명제는 '주제', '과제', '달성해야 할 목표'라는 의미로 사용됩니다. 그러나 철학에서의 명제는 논리학 용어로, 사물의 판단을 언어로 나타낸 것을 뜻합니다. 명제는 **사물의 판단**이기 때문에 **참 또는 거짓 가운데 하나**라는 성질을 지닙니다. 수학에서의 명제도 역시 진위 판단의 대상이 되는 것을 가리킵니다. 이처럼 일반적으로 명제는 **진위를 판단할 수 있는 문제**를 말합니다.

예를 들어, 아리스토텔레스의 논리학에서는 "모든 A는 B다. 모든 C는 A다. 따라서 모든 C는 B다."라는 삼단논법이 제시됩니다. 이때 "모든 A는 B다.", "모든 C는 A다.", "따라서 모든 C는 B다."라는 문장은 각각 진위의 대상이 되는 명제라고 할 수 있습니다. 이에 반해, "모든 A가 B라면 좋을

텐데."라는 문장은 단순한 희망에 불과하고, 진위의 대상이 라고는 할 수 없습니다. 따라서 명제라고 부르지 않습니다. 덧붙여, 논리학에는 명제논리라는 분야가 있습니다. 명제 논리는 각 명제를 결합하는 '~가 아니다', '~라면', '또한', '또는' 등의 여러 관계를 논리 기호로 나타내며 연구하는 학문입니다.

직관

㊰ 直觀 ㊼ intuition

㉤ 생각하지 않고 단숨에 전체를 이해하는 능력

"처음 보는 물건을 어떻게 사용할 것인지 단숨에 파악하는 건 **직관**이 좋다는 거야."

직관은 **눈앞에 펼쳐지는 현상을 그대로 단숨에 파악하는 능력**입니다. 논리적인 순서로 파악하는 논리적 사고와 정반대라고 할 수 있습니다. 주의해야 할 점은 우리가 흔히 생각하듯이 '단순히 감각으로 사물을 파악한다'는 의미가 아니라는 것입니다. 철학에서 직관은 특수한 능력을 말합니다.

예를 들어, 아리스토텔레스에 따르면 **직관적 능력은 논리적 사고나 감각과는 달리 최고의 인식 능력**입니다. 신의 능력에 가깝다고 생각하면 이해하기 쉬울 겁니다. 이런 직관의 의미를 중시한 사람이 데카르트였습니다. 그는 **경험에 의존하지 않고서도 직관에 의해 사물을 인식할 수 있다**고 주장했습니다. 즉 사람은 태어날 때부터 그런 능력을 지녔다는 말이었지요. 이에 비해 칸트는 전통적으로 알려진 지적인 직관은 처음부터 불가능하고, 우리는 단지 **감성적인 직관만을 가지고 있다**고 말했습니다. 감각을 통해 얻은 정보를 머릿속에서 정리할 뿐이라는 것입니다. 현대에는 후설이 현상학에서 직관의 의미를 논했습니다. 그는 기본적으로 **직관에 의해 사물을 인식할 수 있다**고 생각했습니다.

실재

㉿ 實在 ㉯ reality ㉷ 의식과 상관없이 존재하는 것

"사진으로만 봤던 예술 작품을 직접 눈앞에서 보니 그 **실재**가 온몸으로 느껴져."

일반적으로 실재는 실제로 존재하는 것을 뜻합니다. 그러나 철학에서는 **인간의 의식 바깥에 독립적으로 존재하는 것**을 의미합니다. 예를 들어, 로크는 사물이 객관적으로 갖는 공간적 넓이는 색상이나 형태 같은 주관적인 것과 다르다고 말했습니다. 그것이 바로 실재입니다. 또한, 칸트는 인간이 인식할 수 있는 것과 별개로 존재하는 '물자체物自體'의 개념을 제기했는데요. 이것도 실재라고 할 수 있습니다.

덧붙여, **실재론realism은 관념론과 반대되는 용어**입니다. 관념론은 세상이 머릿속에서 만들어진 것이라고 주장하는데 반해, 실재론은 세상이 우리 머릿속에서 어떻게 파악되건 이와 상관없이 존재한다고 주장합니다.

정념

㊞ 情念 ㊢ passion ㉿ 감정적인 것

"**정념**을 피하지 않으면 무엇이든 냉정하게 판단할 수 없어."

일반적으로 정념은 '감정에 기초한 사념'이나 '억누를 수 없는 애증의 감정'을 뜻합니다. 정열, 걱정, 욕정이라고도 하지요. 한편, 철학에서는 아리스토텔레스 등 많은 철학자들이 **쾌락과 고통을 수반하는 영혼의 상태를 정념이라고 정의**했습니다. 스토아학파는 마음이 안정되지 않은 상태를 영혼의 병이라고 파악했으며, 근대에 들어서 데카르트는 신체를 움직이기 위한 의지의 작용으로 정념을 설명했습니다. 다만, 그것은 지적 판단이 아니라 어디까지나 감각을 통해 유익한지 무익한지 정도를 판단하는 데 지나지 않았습니다. 이처럼 철학계에서는 **감정적인 것을 의미하는 정념이 지적인 것을 의미하는 이성에 비해 부정적인 뉘앙스로** 쓰입니다.

초인

㉻ 超人 ㉼ Übermensch ㉽ 결코 꺾이지 않는 사람

"어떤 역경에도 굴하지 않고 이겨 내는 사람을 **초인**이라 한다."

일반적으로 초인이라고 하면 보통 사람과 다른 특별한 능력을 지닌 사람으로 해석됩니다. 하지만 철학에서 말하는 초인은 니체가 제시한 독특한 개념을 뜻합니다. 니체는 초인을 독일어로 **위버멘슈**Übermensch라고 표현했는데, 이를 영어로 번역하면 **슈퍼맨**superman입니다.

니체의 사상을 상징하는 말 가운데 하나는 **"신은 죽었다."**입니다. 하지만 신이 죽었는지 단정할 수는 없습니다. 이는 단지 기독교를 비판하기 위한 말일 뿐입니다.

니체가 기독교를 비판한 이유는 기독교가 사랑의 종교라고 스스로 규정하듯 약한 사람을 위로하는 종교이기 때문입니다. 기독교는 자신이 약하다는 점을 긍정하게 만들고, 저세상에서 구원받을 수 있다고 말하며 사람들을 구슬립니

다. 그 때문에 기독교가 구원의 주체인 신의 존재를 창조했다고 보았습니다. 이로써 인간은 자신의 약함을 긍정하고 신이라는 존재에 모든 것을 맡겨 버립니다. 니체는 이 점을 비판했습니다. **기독교적 사상을 따른다면 인간이 노예와 다를 바 없다는 것**입니다. 이것을 바탕으로 니체는 기독교를 '노예도덕Sklavenmoral'이라고 부르며 비난했습니다. 그리고 하루빨리 **노예도덕에서 벗어나 홀로 강인하게 살아 나가야 한다**고 호소했습니다.

"신은 죽었다."라는 선언은 여기에서 비롯되었습니다. 인생에는 거창한 의미가 없으며 똑같은 삶이 반복될 뿐입니다. 니체는 이것을 **영원회귀**라고 불렀습니다. 우리는 괴롭더라도 영원회귀를 받아들일 수밖에 없습니다. 삶을 전면적으로 긍정할 것이 요구되는 셈입니다. 따라서 **강인하게 살아가려면 영원회귀를 이해한 후 그것을 극복하고자 노력**해야 합니다. 이는 큰 고통이 따르는 일입니다. 똑같은 삶이 반복되는 것은 누구도 원하지 않을 것입니다. 하물며 그 삶이 고통이라면 두말할 나위도 없지요. 니체는 이처럼 **영원회귀를 받아들일 줄 아는 사람을 '초인'이라고 불렀습니다.** 인류의 기존 상식을 뛰어넘는 존재지요.

연장

㉻ 延長 ㉾ extension ㊇ 사물의 확대

"인간은 사고를 통해 본질을 찾고 자아를 성장시키지만, 물체는 **연장**을 통해 부피만 키울 뿐이지."

일반적으로 연장은 '늘인다'는 뜻으로 사용됩니다. 그러나 철학에서는 **물체의 공간적 확대**를 의미합니다. 이는 다시 말해 물체가 공간을 차지한다는 뜻이지요. 원래 작았던 물체가 공간 안에서 점점 커지는 모습을 떠올리면 쉽게 이해할 수 있을 것입니다.

데카르트는 사물을 철저하게 의심한 결과 **최종적으로 남는 것은 자신의 의식뿐이라고 주장**했습니다. 이것이 "나는 생각한다. 고로 존재한다."라는 말로 유명한 데카르트 사상의 본질입니다. 이 발상에 근거하면 **정신과 신체는 전혀 별개의 성질을 지닌 존재**로 나누어 생각할 수 있습니다. 이것이 바로 심신이원론입니다. 그리고 신체뿐만 아니라 정신 이외의 모든 물체는 정신과 별개의 성질을 지닌 것으로 이해할 수 있습니다. 다시 말해, **정신은 사고를 본질로 하는 것에 비해, 신체나 물체는 단순히 연장을 본질로 하는 것에 불과하다는** 것입니다. 게다가 사고와 연장은 결코 양립할 수 없는 별개의 것입니다. 여기에서 더 나아가 데카르트는 자연계가 원리상 기계와 다름없다는 기계론적 자연관mechanistic nature view을 확립했습니다. 자연계의 본질 역시 사고가 아니라 연장이라고 생각한 것입니다.

기계

㊞ 機械 ㊞ machine

㊞ 목적을 위한 구조 / 인간의 행위를 실현하는 운동체

"지금의 인간은 **기계**를 통해 다양한 욕망을 해소시켰다."

우리가 알고 있는 기계는 동력에 의해 일정한 목적으로 움직이는 시스템을 말합니다. 철학에서도 이런 의미의 '기계'가 기계론mechanism에서 사용됩니다. 기계론이란 **자연현상을 기계와 동일한 구조로 이해하려는 입장**을 말합니다. 그중에서도 데카르트의 기계론이 유명하지요. 데카르트는 해부학에 흥미를 가졌고, 인간의 신체가 기계와 다를 바 없다고 파악했습니다.

이와 달리 현대사상에서는 프랑스의 사상가 들뢰즈와 정신분석가 가타리가 기계라는 말을 '욕망 기계', '전쟁 기계'라는 독특한 방식으로 사용했습니다. 다시 말해, 이때의 기계는 **인간의 행위를 실현하는 운동체**라는 의미입니다. 인간의 의지를 넘어 자동으로 움직이는 시스템이라고 해도 과

언이 아니지요.

여기서는 인간보다 운동체의 의미에 중점을 둔 것이 특징입니다. 욕망 기계의 경우, 욕망이 먼저 존재하고 그것을 실현하기 위한 기계가 나중에 등장한다는 뜻이 아닙니다. 오히려 기계가 먼저 존재하고 그 뒤에 욕망이 실현된다는 뜻입니다. 따라서 **주도권을 쥔 쪽은 기계**입니다. **기계에 의해 인간이 점차 변모하는 것**이지요. 들뢰즈와 가타리가 "인간은 기계에 신체를 내주었다."라고 표현했듯이 **기계가 인간의 신체를 도와주는 것이 아니라, 오히려 인간의 육체가 기계에 의해 부품화된다**는 점을 주의해야 합니다.

강도

㉾ 強度 ㉯ strength ㉴ 양적 차이의 척도

"너와 나는 사회를 변화시키려는 **강도**에서 차이가 나는 것 같아."

일반적으로 강도는 강함의 정도를 뜻합니다. 하지만 철학에서는 들뢰즈가 사용한 독특한 개념으로 통합니다. 질적 차이를 의미하는 '종류'와 달리 '강도'는 **양적 차이**를 가리킵니다.

들뢰즈 자신은 강도를 **'차이'**와 **'깊이'**로 표현했습니다. 차이가 명확할 때 우리는 그것을 더 뚜렷하게 느끼기 때문입니다. 예를 들어, 비슷한 계열의 색상을 앞에 놓고 색의 차이를 구별할 때 색이 '깊다'라고 말하는 것도 강도의 표현입니다.

혹은 강도를 **'내포량'**이라고도 표현할 수 있습니다. 이것은 길이 등의 공간적 연장에 기초한 '외연량'과는 다릅니다. 외연량은 성질을 바꾸지 않고 무한히 나눌 수 있는 것입니다. 한편 내포량은 온도나 속도처럼 공간적인 연장을 수반하지 않는 양입니다. 이 경우 **보태거나 덜어서 양을 바꾸면 성질 자체도 바뀝니다.** 예를 들어, 따뜻한 물에 차가운 물을 보태면 미지근한 물이라는 별개의 물질이 만들어집니다. 따라서 온도의 양적 차이 자체가 차이의 본질이라고 할 수 있습니다. 이 차이를 측정하기 위한 척도가 바로 강도입니다. 여기서 들뢰즈가 주장하는 강도는 **양적 차이의 척도인 동시에 사물의 차이를 긍정적으로 평가하기 위한 개념**이라는 점에 주의해야 합니다.

사변

㉻ 思辨 ㉹ speculation ㉾ 꿰뚫어 보는 지성

"네 발상은 **사변적**이라 평범한 사람은 도저히 이해하기 힘들어."

일반적으로 사변은 **순수한 논리적 사고만으로 사물을 인식하는 것**을 가리킵니다. 그러나 철학에서 말하는 사변은 고대에서 중세에 걸쳐 **신이 모든 것을 꿰뚫어 본다**는 뉘앙스로 사용되었습니다. 하지만 그것은 어디까지나 지성의 노력으로 이루어지는 일입니다. 다시 말해 사변은 신처럼 무엇이든 단숨에 이해할 수 있다는 말이기는 하지만, 인간의 능력을 뛰어넘는 신비한 능력을 의미하지는 않습니다. 사변은 단지 **인간이 갖춘 지성의 결과**를 뜻합니다.

그 후 근대에 들어서 근대과학이 우위에 서자 사람들은 더 이상 사변을 중시하지 않게 되었습니다. 예를 들어, 칸트는 사변이 **경험으로 인식할 수 없는 것**이라고 말했습니다. 경험으로 인식할 수 없다면 그것은 쉽사리 이해하거나

이용할 수 없는 존재일 뿐입니다. 마치 신과 같은 지성이지요. 하지만 독일관념론German idealism처럼 관념을 중시하는 철학자들은 사변의 역할을 깊이 연구했습니다. 그 극치가 사변을 통해 절대자라는 궁극의 존재를 인식하려 한 헤겔의 사상이었습니다. 다만 독일관념론의 쇠퇴와 함께 사변은 완전히 그 역할을 상실했습니다.

자연상태

㉻ 自然狀態 ㉴ state of nature

㊚ 권위가 존재하지 않는 상태

"존경받는 선생님이 없는 학교는 마치 **자연상태**와 같다."

일반적으로 자연상태는 있는 그대로의 상태를 말합니다. 그러나 철학에서는 **국가에 의한 질서가 없고, 어떠한 권위도 존재하지 않는 상태**를 말합니다. 자연상태는 개인적인 계약에 의해 국가를 형성한다는 사회계약설의 전제입니다.

예를 들어, 홉스는 만일 국가의 질서가 없다면 자기 보존을 위한 인간의 욕구가 서로 충돌하여 **'만인의 만인에 대한 투쟁'** 상태에 빠진다고 생각했습니다. 인간은 욕망의 덩어리이기 때문에, 개인의 욕구를 실현하기 위하여 다소 폭력적인 방법을 선택할 수도 있다고 합니다. 이것이 바로 자연상태입니다. 홉스는 서로 투쟁하는 인간을 늑대로 묘사했는데요. 실로 자연상태라는 말에 어울리는 표현이라고 할 수 있습니다.

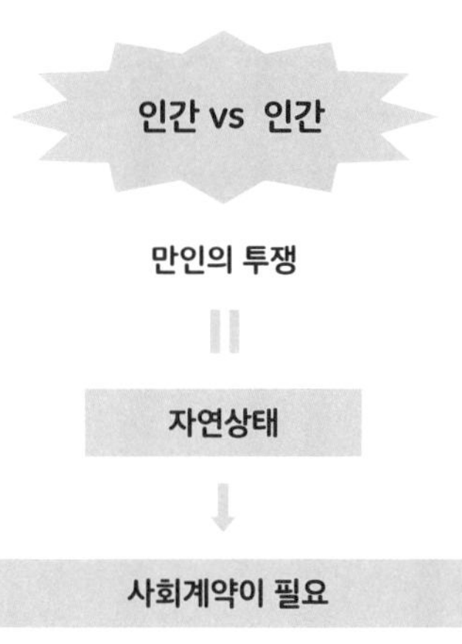

홉스는 이런 투쟁 상태를 없애고 사람들을 통치하기 위한 방법을 고민했습니다. 여기에서 **계약에 의해 국가의 권위를 만들어 내는 사회계약설**이 나왔습니다.

한계상황

㉿ 限界狀況 ㉾ Grenzsituation ㊣ 넘어서야만 하는 벽

"진심으로 성장하고 싶다면 자신의 **한계상황**에 맞서야 해."

일반적으로 한계상황은 더 이상 불가능할 것 같은 빠듯한 범위를 말합니다. 그러나 철학에서 말하는 한계상황은 야스퍼스✦의 주요 개념으로, **인간이 어쩔 수 없이 넘어서야만 하는 벽**을 의미합니다. 인간은 항상 일정한 제약 아래에서 살아야 하는 존재입니다. 우리는 날마다 그런 제약과 싸우면서 살아가지요. 그런 제약 중에는 절대 넘어설 수 없는 높은 벽도 있습니다. 이 예시로 야스퍼스는 **죽음, 고뇌, 투쟁, 죄책감** 등을 들었습니다. 그리고 이것을 '한계상황'이라고 불렀습니다. '인간은 그런 한계 앞에 굴복할 수밖에 없는

✦ **칼 야스퍼스**Karl Jaspers, 1883~1969: 독일의 정신과 의사이자 철학자. 한계상황이라는 개념을 사용해서 실존철학을 논했다. 저서로는 《정신병리학 총론Allgemeine Psychopathologie》, 《철학Philosophie》 등이 있다.

가'라는 것이 야스퍼스가 주장한 핵심이었습니다.

야스퍼스는 이에 대해 긍정적이었습니다. 그의 사상은 스스로 인생을 개척하려 한 실존주의였기 때문입니다. 따라서 눈앞의 고난을 받아들이고 극복하려는 태도가 진정으로 필요하다고 말했습니다. **그런 벽에 적극적으로 맞서야 비로소 인간은 그 벽 너머에 존재하는 초월자신의 모습을 발견할 수 있다고 주장**했습니다. 초월자란 바꿔 말하면, **한계를 극복하고 성장한 자신의 모습**을 의미합니다.

자유의지

㊟ 自由意志 ㊓ free will

㊫ 스스로 운명을 결정할 수 있는 능력

"신이 모든 것을 주간할 수 있다고 해도 인간의 **자유의지**만큼은 움직일 수 없을 거야."

자유의지란 일반적으로 행위자의 뜻대로 선택하고 결단할 수 있는 능력을 말합니다. 그러나 철학에서 말하는 자유의지는 **결정론**determinism**에 대치되는 개념**으로 받아들여집니다. 결정론이란 인간의 행동이 운명 같은 외적인 요인으로 결정된다는 입장입니다. 따라서 그 대척점에 있는 자유의지론자는 **인간이 이런 외적인 요인으로 결정되는 존재가 아니라고 주장**하지요. 요컨대 자유의지는 **스스로 운명을 결정할 수 있는 능력**을 말합니다.

회의주의

㉻ 懷疑主義 ㉾ skepticism ㊝ 단정을 피하는 입장

"사람은 겉모습만 보고 판단할 수 없어. 겪어 보기 전까지는 **회의주의**로 일관하는 게 바람직해."

철학에서 말하는 회의주의는 단순히 의심하는 것이 아니라 **적극적인 단정을 피하고 판단을 유보하는 입장**입니다. 이런 생각은 고대 그리스 시대부터 존재했는데, 영국경험론의 회의주의가 대표적이라고 할 수 있습니다.

예를 들어, 흄은 모든 존재를 의심하고 자신의 지각으로 받아들인 인상만 인정했습니다. 그런 의미에서 실제 눈으로 확인한 것만이 전부라고 말하며, **인간의 인식은 상대적이고 주관적이므로 절대 진리에 도달할 수 없다**고 주장했습니다. 반대로 머릿속으로 생각한 관념은 독단에 불과하다고 말했지요. 덧붙여, 칸트는 흄의 철학을 접하고 '독단의 꿈'에서 깨어났다고 이야기했습니다.

유기적

㉻ 有機的 ㉾ organic ㊍ 각 요소가 연결된 상태

"국가도 단순한 제도로 이해하는 게 아니라 **유기적**으로 인식해야 한다고 생각해."

그리스 시대부터 근대까지 철학에는 유기체를 둘러싼 오래된 논쟁이 있었습니다. 그것은 자연을 분할 가능한 물체로 보는 **'기계론'**과 자연이 유기적인 생명 활동을 영위한다고 보는 **'생기론'의 대립**이었습니다. 생기론의 창시자는 아리스토텔레스라고 할 수 있습니다.

한편, 역사나 사회를 유기적인 것으로 보는 전통도 존재합니다. 예를 들어 **국가가 하나의 유기체이고 군주가 머리, 국민이 팔다리에 해당한다고 본 국가유기체설**organismic theory of the state은 근대 사회에 널리 받아들여졌지요. 헤겔의 국가론이 국가유기체설의 전형적인 예라고 할 수 있습니다. 또한, 현대에는 유기체론의 발전 형태로서 사회를 하나의 완결된 시스템으로 파악하는 **사회체계이론**social system

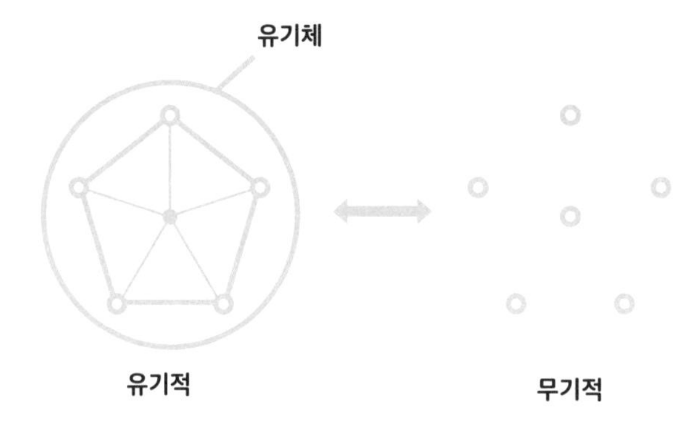

theory도 있습니다.

자율/타율

㊥ 自律 / 他律 ㊎ autonomy / heteronomy

㊛ 자신의 의지로 원하는 행위를 함 / 어떤 강제에 의해 행위를 함

"인간은 동물과 달리 **타율**이 아니라 **자율**에 의해 행동해야 한다."

일반적으로 자율은 누군가로부터 강제받지 않고 자신이 생각하는 규범에 따라 행동하는 것을 말합니다. 그리고 철학 용어로 쓰면 칸트가 말한 자율의 의미를 갖습니다. 칸트는 인간이 해야 할 행위에 관해 논하는 도덕 철학의 법칙으로 '자율'을 사용했습니다. **어떤 강제에 의해서가 아닌 자신의 의지로, 모두가 동의할 만한 행위**를 취하라고 요구했지요. 이것이 칸트가 말한 '자율'입니다. 그리고 이 자율이야말로 **인간의 자유**이자 **인간의 본질**이라고 주장했습니다.

타인에 의해 강제받지 않고 스스로 판단할 수 있다는 것은 자유이기도 합니다. 이것은 의지의 자유라고 할 수 있습니다. **자유는 인간만 누리는 속성**입니다. 동물은 누군가에 의해 강제받지 않는 한 올바른 행동을 할 수가 없기 때문입

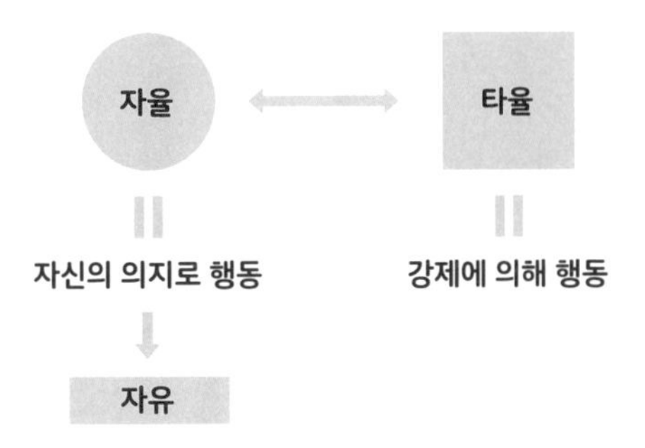

니다.

반대로, 타율은 일반적으로 **다른 사람의 강제에 의해 행동하는 것**을 말합니다. 칸트도 '타율'을 이런 일반적인 의미로 사용했습니다.

보편/특수

㊞ 普遍 / 特殊 ㊐ universal / special
㊫ 언제나 들어맞는 성질 / 고유의 성질

"신을 수 있는 모든 신발은 **'보편'**적이라고 이야기할 수 있지만 내 발에만 꼭 맞는 신발은 **'특수'**하다고 이야기할 수 있어."

보편은 일반적으로 **모든 사물에 널리 퍼진 공통적 성질**을 말합니다. 이에 반해, 특수는 **다른 것과 차별되는 성질**을 말합니다. 철학계에서 보편과 특수의 관계는 중세 유럽의 **보편논쟁**controversy of universal을 통해 잘 알 수 있습니다. 보편논쟁은 보편이 먼저인가, 아니면 개별이 먼저인가에 대한 논쟁입니다. 즉 **보편적인 무언가가 개별적인 사물에 앞서 먼저 존재하는지, 아니면 개별적인 사물이 먼저 존재하고 그것들의 공통된 성질을 가리키는 명칭이 '보편'일 뿐인지**에 관한 문제지요. 전자를 실재론 혹은 실념론이라고 하고, 후자를 유명론nominalism이라고 합니다.

예를 들면 공, 지구, 사과, 구슬이라는 개별적인 물건의 공통된 성질은 '둥글다'입니다. 여기에서는 둥글다는 것이 보편성이라고 할 수 있습니다. 그런데 둥글다는 성질이 먼저 존재하는지, 아니면 공과 지구를 늘어놓았을 때 비로소 둥글다는 성질을 발견하는 것인지가 문제입니다. 이런 실재론과 유명론의 대립은 오래된 논쟁이며 아직까지 결정적인 답은 나오지 않았습니다. 하지만 많은 절충안은 제시되었지요.

그 절충안 중에는 **'개별'**이라는 개념을 내세워 이 문제를 해결하려는 생각도 있었습니다. **특수성은 보편성을 조각조각 쪼갠 결과 생겨난 부분**이라고 할 수 있습니다. 그리고 그 부분을 보편이나 특수와는 다른 성질의 별개 존재로 보았을 때, 그것을 '개별'이라고 부를 수 있습니다.

시스템

㉯ system ㉡ 서로 관계있는 사항이 모인 요소의 집합

"사회를 **시스템**으로 파악하면 변화해 가는 모습을 잘 알 수 있다."

시스템이라고 하면 컴퓨터 장치를 떠올릴지도 모릅니다. 하지만 여기에서 말하는 시스템은 **서로 관계있는 요소의 집합**을 가리킵니다. 예를 들어 많은 동물 중에서 말, 양, 원숭이 등 포유류라는 요소만을 연결하면 포유류의 시스템이 됩니다. 반대로 꽁치, 고등어, 상어 등 물고기라는 요소만을 연결하면 물고기의 시스템이 됩니다.

시스템의 개념으로 유명한 사람은 사회 체계 이론social system theory의 대표적인 인물인 독일 사회학자 루만✦입니다. 루만에 따르면, 시스템은 복잡한 것을 단순하게 정리함

✦ **니클라스 루만**Niklas Luhmann, 1927~1998: 독일의 사회학자. 사회 체계 이론의 관점에서 사회적인 모든 것을 통일적·보편적으로 설명하려고 했다. 저서로는 《사회 체계 이론Soziale Systeme》, 《권력Macht》 등이 있다.

으로써 주위 환경과 구분되는 영역을 말합니다. 즉 시스템의 관점에서 보면 **어떤 규칙에 의해 각각의 요소 사이에 질서가 잡히고, 복잡한 상황이 정리된다**는 것입니다. 동물 중에서 포유류만 연결했을 때 포유류라는 부분이 동물이라는 집합으로부터 뚜렷이 구분되는 것과 같습니다.

이것은 **부분을 합치면 전체가 된다는 발상과는 전혀 다릅니다.** 어디까지나 시스템 자체와 시스템 바깥 환경과의 구별에 주목하는 것이니까요. 여기에서는 **시스템과 관계가 있느냐 없느냐가 문제**입니다. 앞의 예처럼 포유류라는 시스템이라면 포유류냐 아니냐가 문제가 되지요. 또한 시스템은 닫힌 영역이 아니라 열린 공간입니다. 그 때문에 **시스템은 환경 변화에 따라 내용이 달라집니다.**

의사소통적 행위

㉧ communicative action ㉷ 합의를 이끌어 내는 대화

"오늘 이야기로 다들 마음에 맺힌 감정을 시원하게 풀었겠지? 서로 이해하려는 태도가 좋았어. **의사소통적 행위**가 성과를 거두었다고 봐."

이 말을 들으면 단순히 대화를 중심으로 다양한 사람과 관계를 맺는 행위가 떠오릅니다. 그러나 '의사소통적 행위'는 독일 철학자 하버마스✦의 용어로, **바람직한 대화 행위**를 뜻합니다. 하버마스는 이성으로 상대방을 설득하기보다는 **열린 태도로 상대방의 이야기를 듣고 무언가를 함께 만들어 가는 태도**를 보여야 한다고 주장했습니다.

그에 따르면 상대방을 설득하려는 이성은 사람을 목적 달성의 수단으로 만드는 '**도구적 이성**funktionalistische Vernunft'입니다. 반면, 상대방을 존중하고 합의를 이끌어 내려는 이성

✦ **위르겐 하버마스Jürgen Habermas**, 1929~: 독일의 철학자. 토론의 중요성을 지적하고 현대 공공철학의 기초를 닦았다. 저서로는《의사소통적 행위의 이론Theorie des kommunikativen Handelns》,《공공성의 구조 전환Strukturwandel der Öffentlichkeit》등이 있다.

은 '**의사소통적 이성**kommunikative Vernunft'입니다.

논의할 때 상대방의 입장을 존중하지 않으면 의사소통이 성립되지 않습니다. 의사소통적 이성을 토대로 한 대화는 목적을 달성하려고 명령이나 기만 같은 우격다짐으로 상대방의 의사 결정에 영향을 끼치는 전략적 행위와는 다릅니다. **의사소통적 행위는 어디까지나 상대방을 납득시킨 후 허락을 구하는 것**입니다. 하버마스는 그를 위한 세 가지 원칙이 필요하다고 말했습니다.

첫째, 참가자가 동일한 자연 언어를 말할 것

둘째, 진실이라고 믿는 사실만을 서술하고 옹호할 것

셋째, 모든 당사자가 대등한 입장에서 참가할 것

하버마스의 의사소통적 행위 이론은 **같은 관심사를 품은 시민들이 상호 이해를 토대로 대등한 입장에서 토론**하고, 그 과정에서 **자신의 판단과 견해를 바꿔 나간다**고 생각한 점에서 높이 평가받습니다. 논의에 따라서 서로 생각을 바꿀 가능성이 있음을 염두에 둔 것이지요. 어쩌면 이것이 대화의 진정한 의미일지도 모릅니다.

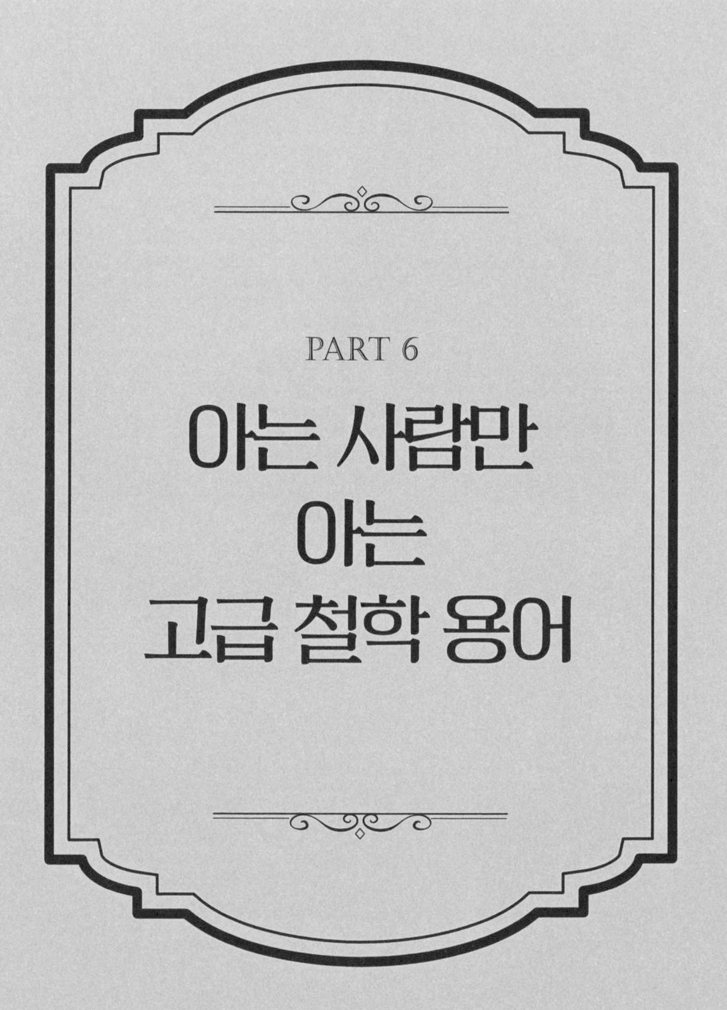

PART 6

아는 사람만 아는 고급 철학 용어

현상학

㊞ 現象學 ㊞ phenomenology

(뜻) 무심코 머릿속에 떠오른 생각 중에 진실이 있다는 개념

"무엇이 진짜인지 알 수 없을 때는 쓸데없는 선입관을 버리고 **현상학**적으로 생각해 봐. 그러면 분명히 답이 나올 거야."

현상학은 후설이 제창한 철학적 입장을 말합니다. 인간은 보통 세상을 보고 느끼는 그대로 순수하게 받아들입니다. 즉 **눈에 보이는 대로 받아들이고 그것을 이해했다고 느끼는 것**입니다. 여러 사물은 우리에게 어떤 '대상'으로 인식됩니다. 후설은 이런 자세를 '**자연적 태도**'라고 부르며 비판했습니다.

후설은 세상을 이해하기 위해서는 마음속을 탐구하고 주어진 의식의 내용을 기술하라고 주장했습니다. 마음속의 내용은 눈에 보이는 내용과는 다릅니다. 그래서 후설은 **눈앞의 세상에 대한 비판을 일단 멈추고 그것을 괄호 안에 넣은 후, 마음속의 순수한 의식에 떠오르는 것만을 믿으라고 제안**했습니다. 이렇게 판단을 멈추는 것이 바로 **에포케**입

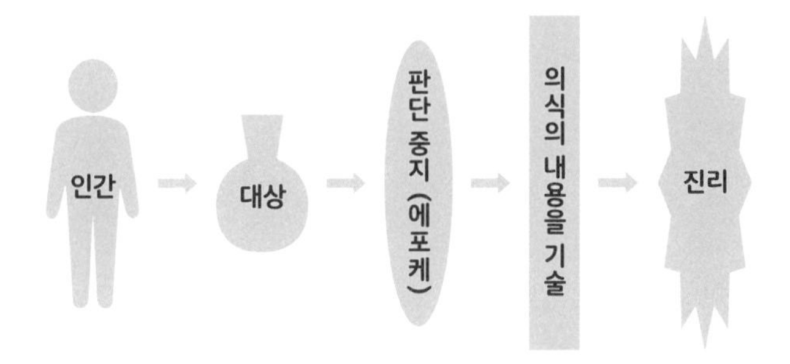

니다.

후설은 이 과정을 거쳐야 비로소 진리에 다가설 수 있다고 말합니다. 이것을 **현상학적 환원**phenomenological reduction이라고 부릅니다.

현상학은 후설 이후 프랑스 사상가들에게 계승되었습니다. 그중에서도 메를로퐁티✦는 《지각의 현상학Phénoménologie de la perception》에서 현상학을 신체론에 응용했습니다. 메를로퐁티는 후설과 달리 **세상을 구성하는 주체가 의식이 아닌 신체**라고 주장했습니다.

✦ **모리스 메를로퐁티**Maurice Merleau-Ponty, 1908~1961: 프랑스의 철학자. 철학 역사상 처음으로 '신체'를 본격적으로 다루었다. 저서로는 《행동의 구조La Structure du Comportement》, 《지각의 현상학Phénoménologie de la perception》 등이 있다.

에포케

㉯ epoche ㉰ 일단 머릿속을 비움

"진실을 꿰뚫어 보려면 **에포케**를 해 보는 것이 중요하지 않을까?"

에포케는 본래 '중지'를 의미하는 그리스어에서 유래했습니다. 고대 그리스의 철학자 피론Pyrrhon이 처음으로 이 말을 사용했습니다. 피론에 의하면, **진리를 탐구하기 위해서는 단정짓지 말고 일단 판단을 중지**해야 합니다. 에포케는 '아무것도 하지 않고 멈춰 있음'을 의미했습니다. 하지만 피론을 중심으로 한 회의론자들로 인해 **'판단 중지'**라는 뜻으로 쓰게 되었지요.

후설은 이 발상을 자신이 창시한 현상학에 응용했습니다. 에포케는 현상학의 도구 중 하나입니다. 현상학에서는 언뜻 당연하게 여겨지는 사실을 일단 괄호 안에 넣습니다. 말하자면 **상식을 의심하는 것**이지요. 그랬을 때 의식 안에서 자연스럽게 나타나는 것만을 표현합니다.

이것이 현상학적 환원phenomenological reduction이라 불리는 과정입니다. 이런 과정을 거치면 **자신의 의식과 외부 세계가 연결되고, 마침내 진리를 발견할 수 있다**고 합니다.

기호론

㉯ semiotics ㉫ 기호를 토대로 세상을 설명하는 학문 체계

"도로표지 기호에 일일이 신경 쓰다니. 넌 정말 **기호론적** 발상을 많이 하는 사람이구나."

기호론은 언어와 부호 등의 기호를 사용해서 사물을 이해하려는 학문입니다. 언어라는 기호가 **단순히 인간의 사고를 위한 도구가 아니라, 오히려 인간의 사고를 지배한다**는 발상의 전환에서 나온 논의입니다. 이 발상의 전환을 언어론적 회전linguistic turn이라고 말합니다.

실제로 **이 세상에 서로 다른 기호가 있기에 사물을 서로 구별할 수 있습니다.** 예를 들어 프랑스어에서는 '나비'와 '나방'을 모두 '파피용papillon'이라고 칭합니다. 프랑스인에게는 '나방'이 따로 존재하지 않는 셈입니다. 이러한 언어학의 연장에 있는 기호론은 언어학자 소쉬르가 탄생시켰습니다. 그 후 기호론은 **발신된 기호가 어떻게 받아들여지는지 연구하는 의미 작용의 영역**으로 발전했습니다.

예를 들어, 롤랑 바르트[+]는 영상이나 패션 등 폭넓은 소재를 기호로 나타내고, 그것이 사회에 보내는 메시지에 관해 분석했습니다. 그리고 줄리아 크리스테바[++]는 기호에 의해 의미가 생산되는 과정 자체를 설명하는 의미 생성의 기호학을 제기했습니다.

[+] **롤랑 바르트**Roland Barthes, 1915~1980: 프랑스의 문예비평가. 기호론으로 비평계에 큰 영향을 주었다. 신화와 이데올로기에 주목하며 사회학 연구에 기여했다. 저서로는 《신화Mythologies》, 《글쓰기의 영도Le Degré Zero de L'Écriture》 등이 있다.

[++] **줄리아 크리스테바**Julia Kristeva, 1941~: 불가리아 출신의 철학자. 기호나 의미의 생성에 관한 이론을 구축했다. 저서로는 《시적 언어의 혁명La Révolution Du Langage Poétique》, 《공포의 권력Powers of Horror》 등이 있다.

분석철학

㉯ analytic philosophy ㊫ 언어의 의미 분석을 중시하는 철학

"너는 발상보다 언어의 의미에 집착하는 경향이 있는데, 어쩌면 **분석철학**이 적성일지도 모르겠네."

분석철학은 20세기 영국과 미국을 중심으로 발전한 철학의 한 유파입니다. 분석철학에서는 **언어 분석을 통해 진리를 탐구할 수 있다**고 생각했습니다. 예를 들어, 비트겐슈타인✦은 철학이 언어를 분석하는 것이라고 주장했습니다. 또한, 비트겐슈타인에게서 영향을 받은 빈학파Vienna Circle는 철학의 역할이 진리의 발견이 아니라 언어의 의미 분석이라고 이야기했지요.

그 이전의 철학은 인식한 사항을 언어로 표현하는 형태를 취했습니다. 그러나 언어에 따라 내용이 달라지기 때문

✦ **루드비히 비트겐슈타인**Ludwig Wittgenstein, 1889~1951: 오스트리아 출신의 철학자. '언어 게임' 개념을 도입하는 등 언어철학의 발전에 공헌했다. 철학은 명제의 의미를 명확하게 하는 것이라고 주장했다. 저서로는 《논리철학 논고Logisch-philosophische Abhandlung》, 《철학 탐구Philosophische Untersuchungen》 등이 있다.

에 혼란이 생겨났지요. 그렇다면 반대로 언어 분석을 중심으로 삼는 편이 낫겠다는 발상이 거론되었습니다. 이것을 **언어론적 회전**linguistic turn이라고 부릅니다.

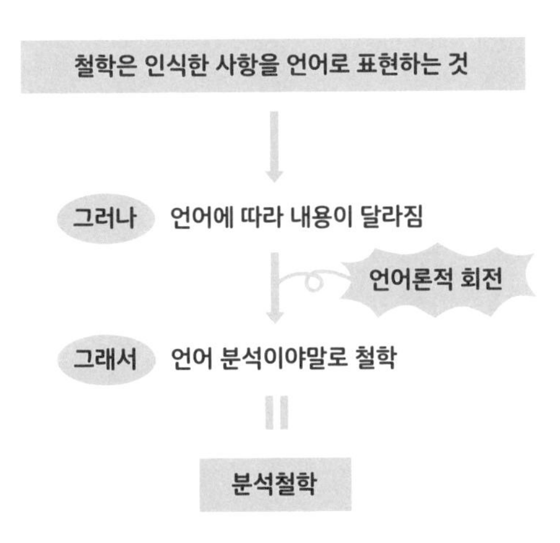

덧붙여 '언어론적 회전'이라는 용어 자체는 언어철학에 관한 논고를 정리한 미국의 철학자 리처드 로티Richard Rorty의 동명 저서로 알려지게 되었습니다.

언어게임

㉯ language game

㉰ 언어의 의미가 문맥에 따라 달라진다는 개념

"오늘 네가 한 말은 다른 사람에게는 아무런 감흥이 없겠지만, 나에게는 커다란 의미를 지녀. 이것이 바로 **언어게임**이지."

언어게임은 오스트리아 출신 철학자 비트겐슈타인 Wittgenstein의 후기 사상을 대표하는 용어입니다. 비트겐슈타인은 **언어의 다양한 사용법**을 '언어게임'이라고 이름 붙였습니다. 쉽게 말하면, **언어의 의미가 문맥에 따라 달라진다**는 뜻입니다.

일상생활에서 우리는 말을 주고받으며 의미를 해석하는 게임을 합니다. 이때 장소나 상황에 따라 언어의 규칙이 정해지며, 언어활동의 양상은 일상생활의 각 상황에 따라 결정됩니다. 반대로 말하면 **언어에 관한 규칙은 결코 하나가 아니라는 뜻**입니다.

동료들끼리만 통하는 언어가 있고, 경우에 따라서는 자신만의 언어도 있을 수 있습니다. 다만, 자신만의 언어로 발언하면 아무도 이해할 수 없습니다. **규칙이란 어디까지나 같은 상황에 있는 사람들이 다 같이 알고 있어야 의미가 있습니다.** 규칙을 무시하고 자기 멋대로 말하는 사람은 분위기 파악 못하는 사람이라고 핀잔받기 마련이지요. 그런 의미에서 언어게임은 **문맥을 제대로 파악하고 상대방의 요지를 정확히 이해하는 대화**라고 할 수 있습니다.

존재론

㉯ ontology ㉰ 존재한다는 것이 무슨 의미인지 고찰함

"이 세상에 존재하지 않는 것을 논할 수 있냐고? **존재론**적으로 말하자면 가능하지."

존재론은 존재의 의미를 묻는 사상입니다. 아리스토텔레스는 존재하는 것의 성질이 어떤지 묻는 것이 아니라, '존재한다는 것이 무엇인가'를 물었습니다. 바로 그 물음에서 존재론이 탄생했습니다.

하지만 근대에 들어서, 사물의 존재가 인식에 의한 것이라고 생각하는 인식론이 널리 퍼졌습니다. 그러던 중 존재론에 다시금 주목한 사람이 하이데거Heidegger✦였습니다. 하이데거가 존재론에 주목한 이유는, 원래 철학이 '존재하는 것'의 의미가 아닌 '존재한다는 것'의 의미를 묻는 학문임에

✦ **마르틴 하이데거**Martin Heidegger, 1889~1976: 독일의 철학자. 자신이 대체 불가능한 죽음을 향한 존재라는 사실을 자각해야 한다고 주장했다. 저서로는 《존재와 시간Sein und Zeit》, 《휴머니즘에 관하여Über den Humanismus》 등이 있다.

도 불구하고 이러한 질문을 소홀히 한 경향이 있었기 때문입니다.

하이데거는 존재한다는 것이 무슨 의미인지 고민했습니다. 그리고 **유한한 시간 속에서 살아가는 인간 존재의 모습을 발견**하기에 이르렀습니다. 이 말은 바로 인간만이 자신의 존재를 인식하면서 살아간다는 뜻입니다. 게다가 **인간이 자신의 존재를 가장 명확히 인식하는 때는 바로 자신의 죽음을 의식할 때**입니다. 그런 의미에서 인간이야말로 존재가 드러나는 하나의 장소라 할 수 있습니다.

현존재

ⓗ 現存在 ⓦ Dasein

ⓣ 자신의 존재를 의식하고, 주체로서 열심히 살아가는 사람

"우리는 **현존재**로 살아가야 한다. 그것이 삶의 질을 높이는 유일한 지름길이다."

현존재는 하이데거의 용어로, **열심히 살아가는 사람**을 말합니다. 하이데거는 인간을 **'보통 인간**das Man**'**과 **'현존재**Dasein**'**로 나누었습니다. 'Dasein'의 'Da-'는 원래 독일어에서 '그곳'을 뜻하는데, 하이데거에 의하면 'Dasein'은 존재의 의미가 명확해지는 장소를 가리킵니다.

즉, 현존재라는 말은 **존재한다는 사실을 확실히 의식하고 존재의 의미를 궁금해하는 인간의 독자적인 속성**을 표현한 것입니다. 인간은 존재한다는 것에 집착하는 동물이라고도 할 수 있습니다. 그래서 하이데거는 인간에게 두 가지 삶의 방식이 있다고 주장했습니다.

첫째, **'비본래성**Uneigentlichkeit**'으로서의 삶**입니다. 이는 일상생활 속에 파묻혀 자기 자신을 잃어버리고 뒤떨어진 인

생을 산다는 것을 뜻합니다. 그런 상황에서 살아가는 자신은 어디에나 흔히 있을 법한 한 사람에 불과합니다. 둘째, '**본래성**Eigentlichkeit'**으로서의 삶**입니다. 이는 인간이 자신의 존재 가능성을 의식하고 인생을 열심히 산다는 것을 말합니다. **이런 자신이야말로 남과 구별되는 존재**라고 할 수 있습니다. 이것이 하이데거가 이상으로 삼는 삶입니다.

어떻게 하면 그런 이상적인 삶을 실현할 수 있을까요? 그래서 등장하는 것이 '**시간성**Zeitlichkeit'이라는 개념입니다. 이것은 **죽음을 의식하고 살아가는 시간**을 말합니다. 인간은 죽음이라는 유한성을 깨달아야 비로소 시간을 자각하고, 그 무엇으로도 바꿀 수 없는 소중한 인생을 실감합니다. 그렇게 되면 미래를 향해 적극적으로 살아갈 힘을 얻을 수 있습니다.

세계내존재

㊅ 世界內存在 ㊀ In-der-Welt-Sein

㊆ 세계와 관계를 맺으면서 살아감

"생명을 물건처럼 여기는 사람은 인간이 **세계내존재**라는 점을 의식할 필요가 있다."

세계내존재는 하이데거의 용어로, **인간이 세계 안에서 여러 가지 사물과 관계를 맺고 그 사물을 배려하면서 살아가는 모습**을 표현한 말입니다.

인간과 달리 사물은 세계와 관계를 맺지 않습니다. 여기서 인간이 사물과 관계를 맺으며 살아간다는 것은 단순히 인간이 사물에 둘러싸여 살아간다는 뜻은 아닙니다. 평소 우리는 세계 안에 있는 여러 가지 도구를 사용하며 살아갑니다. 잠잘 때는 침대와 베개를 사용하고, 식사할 때는 식기와 식재료를 사용합니다. **그런 도구들이 존재하는 궁극적인 목적은 바로 인간**입니다.

문제는 궁극적인 목적이어야 할 인간이 바꾸거나 대체할 수 있는 존재가 된다는 점입니다. 인간이 도구의 목적일 뿐이라면, 특정 도구의 목적이 되는 인간이 반드시 나 자신이어야 할 이유는 없습니다.

하이데거는 이처럼 **누구로 대체하든 상관없는 존재를 '보통 인간**das Man**'이라고 부르며 비판**했습니다. 그리고 자신의 존재 가능성을 의식하고 열심히 살아가는 '현존재'가 되어야 한다고 주장했습니다.

아는 사람만 아는 고급 철학 용어

기투

㉻ 企投 ㉯ Entwurf

㉼ 자신을 내던져 자신의 가능성과 대면함

"아무리 발버둥 쳐도 우리는 피투성에서 벗어날 수 없다. 따라서 과감히 **기투**함으로써 인생을 활짝 펼치는 편이 낫다."

기투는 하이데거의 개념으로, **현재를 초월한 미래로 자신을 던져 넣는다**는 의미입니다. **'투기**投企**'**라고도 표현하지요. 하이데거에 따르면, 인간은 곧 죽을 수밖에 없는 존재임에도 불구하고 꼼짝없이 이 세상을 살아가야 한다는 점을 자각합니다. 이 상태를 **'피투성**被投性, Geworfenheit**'**이라고 부릅니다. 그러나 인간은 새삼 죽음을 자각하고 다시 한번 자신이 살아가는 의미를 자문함으로써, 또다시 걸어갈 수 있습니다. 그래야만 자신의 가능성과 대면하고 앞으로 나아갈 수 있기 때문입니다. 요컨대 **미래를 향해 자신의 가능성을 던지는 것**입니다. 현재를 초월하여 자신을 미래로 내던지는 것, 이것이 기투의 의미입니다.

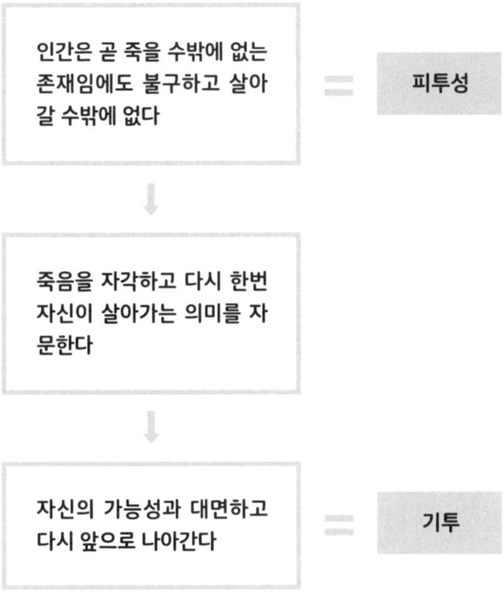

인간은 곧 죽을 수밖에 없는 존재임에도 불구하고 살아갈 수밖에 없다 = 피투성

↓

죽음을 자각하고 다시 한번 자신이 살아가는 의미를 자문한다

↓

자신의 가능성과 대면하고 다시 앞으로 나아간다 = 기투

탈구축

㉻ 脫構築 ㉾ deconstruction ㊤ 처음부터 다시 만들기

"이직에는 리스크가 따르지만 인생을 바꾸려면 그 방법밖에 없어. **탈구축**해서 좋은 방향으로 갈 수도 있다고 봐."

탈구축은 데리다[✦]의 용어로, **처음부터 다시 만든다**는 의미입니다. 근대에는 올바르다고 여겨지는 기존의 가치가 중시되었습니다. 데리다에 의하면 논리적인 것이나 이해하기 쉬운 것을 최우선시하는 태도, 말 그대로 큰 목소리를 우선시하는 태도, 눈앞에 있는 것을 올바른 존재라고 생각하는 태도, 남성적인 것을 여성적인 것보다 우위에 두는 태도, 유럽을 다른 지역보다 우위에 두는 태도 등이 뿌리 깊이 자리 잡고 있었기 때문에 기존의 가치가 중시되었다고 합니다. 그러나 그것은 올바르지도 않을뿐더러 폭력적이기까지

✦ **자크 데리다**Jacques Derrida, 1930~2004: 프랑스의 현대 사상가. 탈구축 개념으로 서양 철학의 전통에 의문을 제기했다. 저서로는 《글쓰기와 차이L'Écriture et la Différence》, 《그라마톨로지에 대하여De la Grammatologie》 등이 있다.

합니다. 왜냐하면 논리적인 것만이 올바르다는 생각은 차이를 무시하기 때문입니다. 또한 남성적인 것을 우위에 두는 태도가 여성을 억압했고, 유럽 중심주의가 식민지 지배와 전쟁을 야기했기 때문입니다.

결국 데리다는 이런 **서양 근대 철학 체계에 자리 잡은 특유의 태도를 해체**하고자 했습니다. 그것이 '탈구축'이라는 개념입니다. 이는 프랑스 후기 구조주의의 입장을 대표하는 용어로 **'탈구조'** 또는 **'해체'**를 의미합니다. 하이데거의 '해체'라는 용어에서 '탈구축'이라는 조어를 생각해 낸 것입니다. 구조물을 해체하고 다시 구축한다는 의미로, 여기에서 핵심은 **단순히 해체만 하는 것이 아니라 다시 구축한다는 점**입니다.

구조물의 해체와 구축은 실제로 건축에서도 많이 사용합니다. '탈구축주의 건축'이라는 말도 있습니다. 탈구축주의 건축은 기존의 건축 상식을 뒤엎는 형태나 콘셉트가 특징입니다. 요즘에는 왜곡되거나 파괴된 듯한 건축이 눈에 많이 띕니다. 이처럼 탈구축은 **기존 사물의 양식을 해체하고 처음부터 새로운 형태로 재구축하는** 일입니다.

차연

㉾ 差延 ㉾ différance ㉾ 차이를 만들어 내는 원동력

"많은 사람이 '나는 무조건 옳다'라고들 말하는데, 과연 '무조건'이라는 말이 가능할까? **차연**의 발상에서 보면, 자신의 생각은 남의 생각과 다를 뿐이야."

차연은 데리다가 만들어 낸 신조어로 **차이를 만들어 내는 원동력**을 뜻합니다. 생각해 보면, 이 세상에 존재하는 모든 사물은 다른 사물과 다르기 때문에 각각의 의미가 있습니다. 차연에는 '차이'뿐만 아니라 '연기' 또는 '지연'이라는 의미도 있습니다. 그 차이를 발생시키는 작용이야말로 사물의 근원이라고 할 수 있지요. 데리다는 근대 이전의 서양철학에서 지배적이었던 **유일하고 절대적인 가치를 부정**하려는 의도로 차연이라는 단어를 만들었습니다. 서양철학에서는 타아보다 자아가 올바르고, 거짓보다 참이 올바르다는 가치관이 널리 퍼져 있었습니다.

그러나 자아의 존재를 확인하려면 지금 현재의 자신이 아니라 과거의 자신을 기준으로 삼아야만 합니다. 과거의

자신과 비교해야 현재 자신이 어떤 모습인지 비판할 수 있기 때문입니다. 여기에서 주의해야 할 점은 과거의 자신을 지금의 입장에서 보면 타자라는 것입니다. 따라서 자아는 타아의 도움을 받는다고 할 수 있습니다.

자아가 우위에 있는 것처럼 보이지만, **사실 자아는 타아를 바탕으로 존재합니다.** 이것은 진위나 선악 등의 문제에서도 마찬가지입니다. 거짓이 있기 때문에 참을 규정할 수 있고, 악이 있기 때문에 선을 규정할 수 있습니다. 이렇게 보면 **올바르다고 여겨지는 가치로 모든 것을 통일할 수는 없게 됩니다.** 차연의 개념으로 서양철학의 대전제가 무너지는 셈입니다.

에크리튀르

㉠ écriture ㉣ 글쓰기

"**에크리튀르**에 주목하는 이유는 서양 근대 철학의 전통에 비판적이기 때문이다."

에크리튀르는 글쓰기를 의미합니다. 반대말은 말하기를 뜻하는 파롤parole입니다. 서양 근대 철학의 전통에는 음성언어가 문자언어보다 더 우수하다고 생각하는 음성중심주의phonocentrism가 있었습니다. 그러나 데리다는 이 음성중심주의에 있는 모종의 억압을 간파하고, 에크리튀르에 주목했습니다. 구체적으로 데리다가 취한 전략은 음성언어와 문자언어가 서로 대립하게 되기 전에, 언어 고유의 의미로 거슬러 올라가 보는 것이었습니다.

이를 '원에크리튀르'라고 부릅니다. 다시 말해, 음성언어든 문자언어든 언어의 근원에는 각각 어떠한 고유의 의미가 존재한다는 것입니다. 데리다는 그 고유의 의미가 지니는 차이에 주목하고, 우리가 흔히 똑같다고 여기는 대상도

사실 똑같다고 믿은 것에 불과하다고 말했습니다. 이런 점에서 에크리튀르는 **동일성보다 차이를 중시하는 개념**이라고 할 수 있습니다.

정언명법

㊞ 定言命法 ㊞ categorical imperative ㊞ 무조건적인 의무

"우리가 곤란에 처한 사람을 아무 조건 없이 도와주는 이유는 누구나 **정언명법**을 옳다고 생각하기 때문이다."

정언명법은 칸트의 도덕 원리입니다. 칸트는 '~해야 한다'라는 문장처럼 **올바른 행위에 관해서는 무조건적인 의무를 요구**했습니다. 이것은 '만일 ~라면 ~하라'라는 문장처럼 조건으로 행위를 규정하는 '가언명법hypothetical imperative'과 정반대의 태도라고 할 수 있습니다.

정언명법을 간단히 말하자면 **'자신의 의지에 따른 기준과, 모든 사람에게 납득될 만한 법칙이 항상 서로 어울리도록 행동하라'**라는 공식으로 바꿀 수 있습니다. 이는 불합리하거나 모순되지 않고, 항상 들어맞는 원칙을 바탕으로 기준을 세워서 행동해야 한다는 의미입니다. 왜냐하면 도덕이란 조건이 달라진다 해도 내용까지 덩달아 바뀌면 안 되는 것이기 때문입니다.

예를 들어, 많은 돈을 벌었다고 해서 도덕 기준이 바뀔 수는 없습니다. 아무리 부자라고 해도 거짓말을 해서는 안 되지요. 곤란한 사람을 도와줘야 하는 것과 같은 도덕적 행위는 항상 요구되는 일입니다. 현재의 상황이나 조건이 바뀌었다고 해도 바뀌지 않는 것들이 있지요.

이처럼 정언명법은 누구에게나 **'무조건적인 명령'**을 주장합니다. 문제는 이 원리로도 '무엇이 올바른 것인가?'까지는 확실히 정할 수 없다는 점입니다. 이에 관해 칸트는 '인간을 결코 수단으로 보지 말고, 목적으로 여겨라'라는 공식을 제시했습니다. 즉, **인간의 인격을 존중하는 것만큼은 절대적으로 옳은 도덕원리**라고 할 수 있습니다. 왜냐하면 인간은 동물과 달리 강제받지 않은 상태에서도 스스로 자신을 통제할 수 있기 때문입니다. 이 자율성이야말로 의지의 자유가 겉으로 드러난 것입니다. 도덕법칙의 명령은 **그 명령을 지켜서 얻을 수 있는 결과가 아니라, 자기 자신을 위해 지켜야 합니다.** 이러한 의지의 자유를 갖춘 인간은 언제나 존중받을 만한 소중한 존재입니다.

격률

㊥ 格率 ㊐ maxim ㊫ 스스로 자신에게 부과한 행위 기준

"사람은 살면서 최소한 자신이 내세운 **격률**만큼은 따라야 해."

일반적으로 격률은 행위의 기준을 말합니다. 특히 칸트의 철학에서는 **주관적인 행위의 원리**를 뜻합니다. 다시 말해, **스스로 자신에게 부과한 행위 원리**지요. 칸트는 "네 의지와 격률이 동시에 항상 보편타당한 입법 원리가 되도록 행위하라."라고 말하며, 도덕철학에서 자신에게 다양한 규율을 부과하라고 호소했습니다. 어떤 행위가 도덕적인지를 판단할 때 격률을 기준으로 삼기 때문입니다. 칸트의 정언명법은 자신의 격률과, 누구나 항상 옳다고 인정하는 원칙이 서로 일치하도록 행동하라고 합니다. 다시 말해, **스스로에게 부과한 행위의 원리가 항상 남에게도 인정받는 내용이어야** 그 행위가 도덕적으로 옳다고 할 수 있습니다.

간식 금지
포기하지 말기
적극적으로 행동하기
착한 일 하루에 하나씩 하기
우정을 소중히 하기

오성

㊥ 悟性 ㊞ Verstand ㊫ 이해하는 능력

"단순히 감성으로만 받아들이는 것만으로는 안 돼. 먼저 **오성**으로 이해해야만 하지. 그러고 나서 이성으로 깊은 사고를 더하면 좋아."

오성은 인간의 지적 인식 능력 가운데 하나입니다. 철학자에 따라 오성에 대한 해석과 용법이 다른데, 그중에서 칸트의 용법을 가장 많이 사용합니다. 칸트에 의하면, 오성은 **감성과 이성의 중간**에 있습니다. 즉, 감성이 받아들인 정보를 이해해서 정리하고, 이성이 추론할 수 있는 상태로 만드는 것이 오성입니다. 그런 의미에서 오성은 **대상을 이해하는 힘**이라고 할 수 있습니다.

칸트 이전에는 이성보다 **오성을 더 높은 차원의 인식 능력으로 보았습니다.** 그러나 칸트의 영향력이 커진 뒤에는 용어의 서열이 역전되었습니다. 예를 들어, 헤겔은 변증법적 사고로 모든 것을 이해할 수 있는 이성에 비해, **오성은 한정적인 사고에 그친다**고 생각했습니다.

절대지

한 絕對知 원 absolutes Wissen

뜻 모든 것을 깨달은 궁극의 지혜

"세상 모든 것을 이해하는 일은 불가능해. 혹시 **절대지**를 손에 넣는다면 모를까."

절대지는 헤겔의 용어로 **대상의 이해를 통해 완성되어 가는 지식의 최고 단계**를 말합니다. 헤겔에 의하면, 의식은 경험을 통해 발전해 나갑니다. 우리의 의식은 분명히 아무것도 모르는 상태에서 시작해 다양한 경험을 거치며 성장합니다. 그리고 **성장의 최종 단계는 모든 것을 깨달은 상태**입니다. 이 상태를 '절대지'라고 부릅니다. 또한, 헤겔은 자기의 지식과 절대자인 신의 지식이 겹치는 부분에서 **절대정신** Absoluter Geist이라는 개념을 발견했습니다. 이 절대정신을 파악할 수 있는 지혜가 절대지입니다. 요컨대 절대정신이라는 것은 헤겔 철학의 진수라고 할 수 있습니다. **진리를 파악할 수 있는 지혜**야말로 절대지입니다.

트리/리좀

원 tree / rhizome 뜻 나뭇가지 모양 / 뿌리 모양

"내 사고는 늘 어지럽고 복잡한 **리좀** 형태야. 반대로 네 머릿속은 언제나 **트리**처럼 깔끔하구나."

트리와 리좀은 들뢰즈와 가타리가 제창한 개념입니다. '트리'는 나무를 뜻하지만, 여기서는 수형도樹型圖 같은 발상을 가리키지요. 그리고 '리좀'은 땅속줄기를 뜻하지만, 여기서는 중심점이 없는 네트워크 모양을 가리킵니다. 이것은 인간의 사고법 중 가장 전형적인 두 가지 예시입니다. 트리는 지금까지의 서양 사회를 지배한 사고법입니다. 줄기에서 나뭇가지로 갈라지는 수형도는 머릿속 사고법을 그대로 이미지화했다고 볼 수 있습니다. 생물을 분류하는 계통수도 같은 형식이지요.

트리는 구체적으로 말해 먼저 **확실한 기본 원칙**을 세우고 **그 기준을 토대로 몇 가지 패턴이나 예외를 생각**하는 방법입니다. 이 방법은 기존에 있던 사고법이기 때문에 누구

나 익숙할 겁니다. 분류 작업을 할 때는 대부분 트리 형태의 사고법을 활용합니다.

반면 리좀은 **중심점은커녕 시작점이나 종결점조차 없는 네트워크 형태의 사고법**입니다. 이 사고방식의 특징은 전체를 구성하는 각 부분의 연결이 자유롭고 횡단적이며, 그로 인해 다양한 요소가 섞인 상태라는 것입니다. 또한 리좀은 새로운 부분이 이어지거나 끊길 때마다 성질이 바뀌는 다양체manifold이기도 합니다. 요컨대 접속과 함께 변화하는 셈이지요. 이것은 **새로운 부분이 이어지면 전체의 성질이 바뀐다**는 뜻입니다. 뇌의 시냅스나 소셜 미디어가 연결된 모습을 떠올리면 쉽게 이해할 수 있을 겁니다. 이처럼 **트리와 리좀은 인간 사고의 체계와 형태를 아우르는 개념**이라고 할 수 있습니다.

멀티튜드

㉯ multitude ㉰ 세계를 지배하는 권력에 저항하려는 민중의 힘

"인터넷을 매개로 쉽게 결집하고 의견을 모으는 군중은 **멀티튜드**의 전형적인 예라고 할 수 있다."

멀티튜드는 네그리Negri[✦]와 하트Hardt의 공저 《제국Empire》에서 소개된 개념으로 **세계를 지배하는 권력에 저항하려는 민중의 힘**을 가리킵니다. 여기서 '제국'은 글로벌화된 세계의 교류를 조정하는 정치적인 주체를 말합니다. 이는 주요 민족국가를 비롯해 초국가적 제도나 대기업 등 세계를 통치하는 주도적 권력 전체를 의미합니다.

'제국'은 **탈중심적이고 탈영토적인 지배 장치이며, '네트워크 모양의 권력'**으로도 표현됩니다. 즉 '제국'은 중앙 정부나 명확한 영토가 있는 국가권력과는 전혀 다른 새로운 개

✦ **안토니오 네그리**Antonio Negri, 1933~2023: 이탈리아의 마르크스주의자. 새로운 권력으로서 '제국'이라는 개념을 주창했다. 저서로는 마이클 하트Michael Hardt와의 공저 《제국Empire》, 《멀티튜드Multitude》 등이 있다.

념입니다. 이 '제국'을 뒷받침하는 힘, **조직화되지 않은 민중**을 의미하는 단어가 바로 멀티튜드입니다. 멀티튜드는 예전의 부르주아처럼 획일적인 존재가 아니라, **다양한 구성원으로 이루어졌다는 특징**을 지닙니다.

한편 멀티튜드는 **'제국'이 지닌 힘의 원천**인 동시에, **'제국'에 대항하거나 글로벌화의 흐름에 맞서는 또 하나의 힘**이기도 합니다. 그리고 멀티튜드는 모든 차이를 자유롭고 대등하게 표현할 수 있는 **발전적이고 개방적인 네트워크**이기도 합니다. 이는 세계에 존재하는 차이를 억압하는 것이 아니라, 각각의 자유를 살리고 대등한 입장에서 바라보려 하는 발상입니다. 그리고 이 발상은 끊임없이 확대되면서 새로운 구성원을 개방적인 네트워크 안으로 끌어들이고 있습니다.

미메시스

㉥ mimesis ㉻ 예술의 본질로서의 모방

"예술은 현실의 **미메시스**인가? 아니면 현실을 초월한 별개의 새로운 존재인가?"

미메시스는 **'모방'**과 **'흉내'**라는 뜻입니다. 이 모방은 단순한 모방이 아닌 **예술의 본질을 드러내는** 모방이지요. 플라톤은 예술이 현실을 모방했을 뿐이므로 진실성이 부족하다고 주장했습니다. 플라톤은 예술을 경시한 셈입니다. 이에 반해 아리스토텔레스는 예술의 가치를 중시했습니다. 왜냐하면 **모방은 인간이 지닌 자연스러운 경향**이기 때문입니다. 그리고 '비극'이라는 형태의 예술에서 볼 수 있듯이, 모방은 단순히 현실을 표현하는 것이 아니라 **현실 이상의 것을 창조한다**고 할 수 있습니다.

아르케

㉧ arche ㉦ 만물의 근원

"여러 설이 있지만, 나는 세상의 **아르케**가 원자라고 생각해."

아르케는 '시작'이라는 의미의 그리스어입니다. 철학 용어로는 **만물의 근원**이라는 의미입니다. 고대 그리스 철학자 아낙시만드로스가 처음 이 단어를 사용했다고 합니다. 이를 아리스토텔레스가 철학 용어로 확립시켰지요. 아리스토텔레스에 의하면, 소크라테스 이전의 자연철학자들이 만물의 근원, 즉 아르케를 탐구하기 시작했다고 합니다. 최초의 철학자로 불리는 탈레스Thales✦는 **물**을, 아낙시메네스Anaximenes는 **공기**를, 헤라클레이토스Herakleitos는 **불**을, 데모크리토스Democritus는 **원자**를 만물의 근원이라고 주장했습니다. 아리스토텔레스는 아르케를 **'학문의 기본 원리'**라는 의미로도 썼습니다.

✦ **탈레스**Thales, BC624?~BC546?: 밀레토스 출신의 철학자. 자연철학의 시조. 만물의 근원이 물이라고 주장했다.

프시케

원 Psyche 뜻 생명의 원천

"인간은 프시케로 살아가고, 또 **프시케**로 살아가야만 한다."

프시케는 그리스어로 '숨을 쉰다'는 뜻이며, **인간의 마음**이나 **영혼**을 가리키는 단어로 사용합니다. 소크라테스는 프시케야말로 **인간이 살아가는 원리**라고 말하며 **'영혼에 대한 배려'**를 주장했습니다.

소크라테스는 단순히 살아가기만 하는 것은 무의미하며, 선하게 사는 것이 중요하다고 말했습니다. 여기에서 말하는 '선'은 **신체나 돈에 신경 쓰지 않고 훌륭한 마음을 지니도록 노력하는 것**을 말합니다. 이것이 바로 '영혼에 대한 배려'입니다.

아리스토텔레스는 프시케를 **생명의 본질이며, 생명을 움직이는 원인**으로 생각했습니다. 아리스토텔레스의 에이도스eidos(형상)와 휠레hyle(질료)라는 개념을 인간에게 적용하면 쉽게 이해할 수 있습니다.

즉, 사물의 설계도인 에이도스가 영혼에 해당하고, 사물의 재료인 휠레가 신체에 해당합니다. 그런 의미에서 **영혼은 생명의 원천**이라고 할 수 있습니다.

에이도스/휠레

㉯ eidos / hyle ㉫ 사물의 바람직한 모습 / 사물의 소재

"이런 돌멩이가 다이아몬드로 탈바꿈한다니 신기한 일이야. 지금 상태가 **휠레**라면, 다이아몬드가 된 상태는 **에이도스**겠군."

에이도스와 휠레는 아리스토텔레스의 용어입니다. 각각 '형상形相'과 '질료質料'로 번역하지요. 에이도스는 **사물의 바람직한 모습**, 요컨대 설계도라고 할 수 있습니다. 반면 휠레는 **소재와 재료**를 뜻합니다.

아리스토텔레스는 현실주의자였습니다. 그래서 그는 이상주의자인 스승 플라톤과 달리 사물의 본질이나 진리가 이데아계에 존재한다고 생각하지 않았습니다. 오히려 **사물의 본질이나 진실은 바로 눈앞에 있다**고 주장했습니다.

아리스토텔레스는 사물이 성립하기 위해서는 네 가지 요인이 있다고 했습니다. 그것은 바로 사물이 성장하려는 힘인 **작용인**作用因, arche, 소재인 **질료인**質料因, hyle, 목표인 **목적인**目的因, telos, 바람직한 모습으로서의 **형상인**形相因, eidos 입

니다.

예를 들어 목재와 건물의 관계를 살펴봅시다. 목재 안에는 처음부터 건물이 되기 위한 재료로서의 휠레가 있다고 할 수 있습니다. 그래서 목재가 설계도를 거쳐 최종적으로 건물이라는 형상으로 변화하는 것은 휠레가 에이도스로 탈바꿈한 셈이지요. 또한, 목재 상태는 **뒤나미스**, 완성된 상태의 건물은 **에네르게이아**라고도 부릅니다.

뒤나미스/ 에네르게이아

원 dynamis / energeia 뜻 가능성 / 현실성

"어린이는 원래 어른의 **뒤나미스**고, 어른이라는 **에네르게이아**도 먼 장래에서 보면 뒤나미스라고 할 수 있지."

뒤나미스와 에네르게이아는 아리스토텔레스가 만물의 생성과 운동을 설명하기 위해 도입한 개념입니다. 각각 '가능태可能態', '현실태現實態'라고 번역합니다. 아리스토텔레스에 의하면, 모든 존재는 자신 안에 있는 가능성을 현실화하는 중입니다.

예를 들어, 목재가 식탁이 되는 것도 운동으로 이해할 수 있습니다. 목재가 자신 안의 가능성을 꽃피우고 식탁으로 변화하는 셈이지요. 이때 목재가 뒤나미스가 되고, 식탁이 에네르게이아가 됩니다. 다시 말해 뒤나미스는 사물이 변화하기 전의 가능성을 나타냅니다. 반면 에네르게이아는 사물이 변화한 후의 현실적인 성질을 나타내지요. 아리스토텔레스는 모든 것이 목적을 향해 나아간다는 세계관을

지녔기 때문에 뒤나미스와 에네르게이아라는 발상을 할 수 있었습니다.

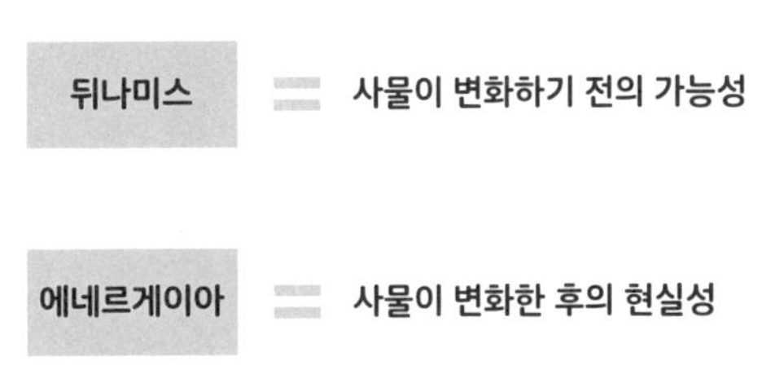

덧붙여, 사물의 변화 가능성을 의미하는 뒤나미스와 사물의 가능성이 실체화된 상태를 의미하는 에네르게이아는 아리스토텔레스의 또 다른 개념인 휠레와 에이도스에 각각 대응합니다. **휠레는 사물의 바람직한 모습**이고, **에이도스는 사물의 소재**를 뜻합니다.

모나드

원 monad 뜻 세상을 구성하는 최소 단위

"너는 세상이 무엇으로 이루어졌다고 생각해? 나는 **모나드**로 이루어졌다고 봐."

모나드는 라이프니츠의 용어로, **세상을 구성하는 최소 단위**를 말합니다. 모나드는 원자 같은 물리적인 요소가 아니라 어디까지나 관념상의 단위입니다. 그 때문에 세상에서 일어나는 모든 사건을 나타내기 위해 여러 개의 모나드를 사용할 필요는 없습니다. 모나드는 **자기 자신과 동일한 이데아**를 가리키는 말로, 플라톤이 사용했습니다. 라이프니츠는 **"무엇이 실체인가?"**에 대한 개념으로 모나드를 사용했지요.

각 모나드는 다른 모나드에게서 영향을 받지 않습니다. **각 모나드가 폐쇄된 세계로 독립해서 존재**하기 때문입니다. "모나드에는 창문이 없다."라는 라이프니츠의 말은 영향을 서로 주고받지 않는 모나드의 성질을 가리킵니다.

테오리아

Ⓡ theoria 뜻 순수하게 지식을 탐구함

"진정한 본질을 꿰뚫어 보고 싶다면 **테오리아**가 필요하다."

테오리아는 그리스어로 '바라보다'라는 뜻입니다. 영어 'theory'의 어원이기도 하며, '관상觀想'이나 '관조觀照' 등으로 번역됩니다. 테오리아는 **실용적인 목적을 배제하고 순수하게 사물의 본질을 인식하려는 행위**를 가리킵니다. 아리스토텔레스는 인간의 정신 활동을 **실천**praxis과 **제작**poiesis으로 구별했고, 학문을 '제작적 학문', '실천 학문', '관상 학문'으로 구분했습니다. 그는 이 중 **'관상 학문'**에 높은 가치가 있다고 주장했는데, 이는 테오리아가 인간의 가장 고귀한 활동이라는 뜻이지요. 실천과 제작 활동은 지식을 다른 무언가를 위한 수단으로 보지만, **테오리아는 지식 자체가 목적**이기 때문입니다.

맺음말

지극히 평범한 사람으로 살았던 저는 오래전부터 쉽게 풀어 쓴 철학 사전을 만들고 싶었습니다. 저는 첫 책《시청 직원 오가와 히토시가 철학자로 변신한 원동력市役所の小川さん、哲学者になる転身力》에서 다음에 꼭 철학 사전을 편찬하겠노라고 선언했지요. 그러나 그 이후로 서적 집필 의뢰를 연달아 받는 바람에, 잔손이 많이 드는 사전 집필은 잠시 미루게 되었습니다. 그로부터 몇 년이 지난 어느 날, 한 편집자로부터 날아온 이메일은 그동안 손 놓고 있던 사전 집필을 다시 시작하는 계기가 되었습니다.

그 편집자가 이 책의 편집자인 PHP연구소 문고출판부의 나카무라 야스노리中村泰則 씨입니다. 나카무라 씨는 제가 첫 책에서 사전을 편찬하겠다고 선언한 부분을 읽고, 언젠가 자신이 그 사전의 편집을 담당해 보고 싶다는 생각을 했다고 합니다. 저는 나카무라 씨와 만나 이야기를 나누고 나서 반드시 사전을 완성해야겠다는 책임감을 느꼈습니다. 그러나 그 당시 저는 몇 달 후 연구차 미국으로 떠나야 했기 때문에 사전을 집필할 시간이 충분하지 않았습니다. 미국에 가면 원하는 만큼 시간을 내기가 어려울 것이 분명했습니다. 촉박한 시간에 쫓겨 하루빨리 집필에 착수했지만 결국 완성시키지 못했고, 나머지 분량을 미국까지 가지고 가야만 했지요. 이로써 미국에 가서도 남는 시간의 대부분을 이 사전 집필에 쏟아부었습니다. 하지만 진도는 지지부진했고, 내가 해야 하는 어휘 배열까지 나카무라 씨의 도움을 받을 수밖에 없었습니다. 나카무라 씨는 그 외에도 내용에 관한 세세한 조언을 아끼지 않았습니다. 그 덕분에 조금 더 쉽게 집필 작업을 진행할 수 있었습니다.

그렇게 두 사람이 서로 격려하면서 아무 탈 없이 이 자리까지 올 수 있었던 것은, 철학 용어를 풀이하여 사전을 편찬한다는 자부심이 있었기 때문입니다. 머리말에도 썼지만, 철학 용어가 번역된 이래 사람들은 그 난해한 번역어를 금과옥조처럼 꼭 껴안고 있었습니다. 어려워 보이는 용어 때문에 사람들은 철학에서 점점 멀어져 갔고, 어느덧 철학은 학자와 지식인이나 쓰는 소수의 학문으로 인식되었지요. 이러한 현실을 개선하기 위해 집필된 이 책은 철학 용어를 쉽게 풀어 썼습니다. 그래서 일반 대중들이 보다 친근하게 철학을 이해하고 활용할 수 있도록 도와줄 것이라 생각합니다.

작업을 도와주신 나카무라 씨에게 진심 어린 감사를 드립니다. 또한 딱딱한 철학의 이미지를 부드럽게 만들기 위해 훌륭한 디자인을 해 주신 요리후지 분페이寄藤文平 씨와, 재미있는 일러스트를 그려 주신 스즈키 요리유키鈴木頼幸 씨에게도 이 자리를 빌려 고마움을 전합니다. 그리고 무엇보다 이 책을 손에 쥐어 주신 독자 여러분께 깊은 감사의 마음을 전합니다.

오가와 히토시

주요 참고문헌

다양한 철학 고전을 참조했으나 모두 적을 수 없으므로, 여기에는 참고가 되었던 사전만 모두 적어둡니다.

[일서]

《이와나미 철학·사상사전岩波哲学·思想事典》, 히로마쓰 와타루廣松渉 편집, 이와나미 서점岩波書店, 1998.

《라루스 철학사전ラルース哲学事典》, 디디에 줄리아Didier Julia 지음, 가타야마 도시아키片山寿昭 옮김, 홍문당弘文堂, 1998.✦

《사전·철학의 나무事典·哲学の木》, 나가이 히토시永井均 지음, 고단샤講談社, 2002.

《철학 키워드 사전哲学キーワード事典》, 기다 겐木田元 편집, 신쇼칸新書館, 2004.

《고교생을 위한 평론문 키워드 100高校生のための評論文キーワード100》, 나카야마 겐中山元 지음, 치쿠마신서ちくま新書, 2005.

《읽어 내는 철학사전読む哲学事典》, 다지마 마사키田島正樹 지음, 고단샤현대신서講談社現代新書, 2006.

《사고의 용어사전: 살아 있는 철학을 위해思考の用語辞典-生きた哲学のために》, 나카야마 겐 지음, 치쿠마학예문고ちくま学芸文庫, 2007.✦✦

[영서]

《The Cambridge Dictionary of Philosophy 2nd Edition》, Robert Audi (Editor), Cambridge University Press, 1999.

《The Penguin Dictionary of Philosophy 2nd Edition》, Thomas Mautner (Editor), Penguin, 2005.

《The Oxford Dictionary of Philosophy 2nd Edition》, Simon Blackburn, Oxford University Press, 2008.

✦ 원전은 《Dictionnaire de la philosophie》, Didier Julia, Larousse·France Loisirs, 1992.

✦✦ 국내 출간본은 《사고의 용어사전》, 나카야마 겐 지음, 박양순 옮김, 북바이북, 2009.

표제어 색인

인명 색인